Die Täterfreundlichkeit des Bundesgerichtshofs beim Rücktritt von versuchten Tötungsdelikten

Europäische Hochschulschriften
Publications Universitaires Européennes
European University Studies

Reihe II
Rechtswissenschaft

Série II Series II
Droit
Law

Bd./Vol. 4608

PETER LANG
Frankfurt am Main · Berlin · Bern · Bruxelles · New York · Oxford · Wien

Anna Elena Janke

Die Täterfreundlichkeit des Bundesgerichtshofs beim Rücktritt von versuchten Tötungsdelikten

§ 24 StGB in der Kasuistik des BGH

PETER LANG
Internationaler Verlag der Wissenschaften

Bibliografische Information der Deutschen Nationalbibliothek
Die Deutsche Nationalbibliothek verzeichnet diese Publikation in der Deutschen Nationalbibliografie; detaillierte bibliografische Daten sind im Internet über <http://www.d-nb.de> abrufbar.

Zugl.: Bremen, Univ., Diss., 2007

D 46
ISSN 0531-7312
ISBN 978-3-631-56649-7

www.peterlang.de

Für Ulla und Hans Janke

Vorwort

Die Universität Bremen hat die vorliegende Arbeit im Sommersemester 2006 als Dissertation angenommen. Literatur und Rechtsprechung konnten bis Juni 2006 berücksichtigt werden.

Meinem Doktorvater, Herrn *Prof. Dr. Felix Herzog*, danke ich sehr für die Anregung und Betreuung dieser Dissertation, seine Rat- und Vorschläge und die Erstellung des Erstgutachtens.

Herrn *Prof. Dr. Peter Thoss* gebührt Dank für die rasche Lektüre der Arbeit und ebensolche Erstellung des Zweitgutachtens.

Kristina Schaefer und *Robert Kaiser* haben mir an vielen Tagen in der Staatsbibliothek zur Seite gestanden und sich jederzeit geduldig mit meinen Fragen und Klagen befasst. Danke.

Von Herzen danke ich *Henning Sieber*. Er weiß, wofür.

Berlin, im Mai 2007 *Anna Elena Janke*

Inhaltsverzeichnis

Literaturverzeichnis

Angerer, Veronika	Rücktritt im Vorbereitungsstadium Berlin 2004 zitiert: Angerer 2004
Baumann, Jürgen / Weber, Ulrich / Mitsch, Wolfgang	Strafrecht Allgemeiner Teil 11. Auflage Bielefeld 2003 zitiert: Baumann/Weber/Mitsch AT
Benoit, William L.	Accounts, Excuses and Apologies - A Theory of Image Restoration Strategies New York 1995 zitiert: Benoit 1995
Berger, Peter L. / Luckmann, Thomas	Die gesellschaftliche Konstruktion der Wirklichkeit 20. Auflage Frankfurt am Main 2004 zitiert: Berger/Luckmann 2004
Bergmann, Matthias	Einzelakts- oder Gesamtbetrachtungslehre beim Rücktritt vom Versuch? ZStW 100 (1988), S. 329ff.
Bierbrauer, Günter	Die Zuschreibung von Verantwortlichkeit – Eine attributionstheoretische Analyse Osnabrück 1977 zitiert: Bierbrauer 1977
Bierbrauer, Günter	Gerechtigkeit und Fairness im Verfahren Osnabrück 1982 zitiert: Bierbrauer 1982
Bierbrauer, Günter	Psychologie und Recht – Brückenschlag zwischen Fakten und Fiktion Osnabrück 1984 zitiert: Bierbauer 1984
Bierbrauer, Günter	Sozialpsychologie Stuttgart / Berlin / Köln 1996 zitiert: Bierbrauer 1996

Bierbrauer, Günter — Psychologie für Juristen –
Eine Vorlesung an der juristischen Fakultät Fribourg
JuS 1992, S. 355f.

Bierbrauer, Günter /
Falke, Josef /
Giese, Bernhard /
Koch, Klaus-Friedrich /
Rodingen, Hubert — Zugang zum Recht
Bielefeld 1978
zitiert: Bierbrauer et al. 1978

Bierbrauer, Günter /
Gottwald, Walther /
Birnbreier-Stahlberger,
Beatrix (Hg.) — Verfahrensgerechtigkeit –
Rechtspsychologische Forschungsbeiträge für die Justizpraxis
Köln 1995
zitiert: Bierbrauer et al. 1995

Bierhoff, Hans-Werner — Person Perception and Attribution
Heidelberg 1989
zitiert: Bierhoff 1989

Bloy, René — Zurechnungsstrukturen des Rücktritts vom beendeten Versuch und Mitwirkung Dritter an der Verhinderung der Tatvollendung –
BGHSt 31, 46 und BGH NJW 1985, 813
JuS 1987, S. 528ff.

Bockelmann, Paul — Wann ist der Rücktritt vom Versuch freiwillig?
NJW 1955, S. 1417ff.

Bockelmann, Paul /
Volk, Klaus — Strafrecht Allgemeiner Teil
4. Auflage
München 1987
zitiert: Bockelmann/Volk AT

Borchert, Uwe /
Hellmann, Uwe — Die Abgrenzung der Versuchsstadien des § 24 Abs. 1 S. 1 StGB anhand der objektiven Erfolgstauglichkeit
GA 1982, S. 429ff.

Boß, Hendrik	Der halbherzige Rücktritt Berlin 2002 zitiert: Boß 2002
Dallinger, Wilhelm	Aus der Rechtsprechung des Bundesgerichtshofs in Strafsachen MDR 1969, S. 532ff.
Darley, John M./ Cooper, Joel (Hg.)	Attribution and Social Interaction – The Legacy of Edward E. Jones Washington, D.C. 1998 zitiert: Darley & Cooper 1998
Dreher, Eduard	Anmerkung zum Urteil des BGH vom 11. Juni 1968 - 5 StR 192/68 - JR 1969, S. 105ff.
Effler, Manfred	Kausalerklärungen im Alltag – Attributionstheorie Frankfurt am Main 1986 zitiert: Effler 1986
Engländer, Armin	Die hinreichende Verhinderung der Tatvollendung – BGH NJW 2003, 1058 JuS 2003, S. 641ff.
Feltes, Thomas	Der (vorläufig) fehlgeschlagene Versuch GA 1992, S. 395ff.
Försterling, Friedrich	Attributionstheorie in der Klinischen Psychologie München/Weinheim 1986 zitiert: Försterling 1986
Försterling, Friedrich/ Stiensmeier-Pelster, Joachim (Hg.)	Attributionstheorie Göttingen 1994 zitiert: Försterling & Stiensmeier-Pelster 1984
Görlitz, Dietmar/ Meyer, Wulf-Uwe/ Weiner, Bernard (Hg.)	Bielefelder Symposium über Attribution Stuttgart 1978 zitiert: Görlitz, Meyer & Weiner 1978
Gössel, Karl Heinz	Über den fehlgeschlagenen Versuch ZStW 87 (1975), S. 3ff.

Goffman, Erving — Interaktionsrituale -
Über Verhalten in direkter Kommunikation
Frankfurt am Main 1971
zitiert: Goffman 1971

Graham, Sandra/
Folkes, Valerie S. (Hg.) — Attribution Theory:
Applications to Achievement, Mental Health, and Interpersonal Conflict
New Jersey 1990
zitiert: Graham & Folkes 1990

Greeve, Gina — Zielerreichung im Eventualversuch und anderen Versuchsformen
Frankfurt am Main 2000
zitiert: Greeve 2000

Haffke, Bernhard — Tiefenpsychologie und Generalprävention –
Eine strafrechtstheoretische Untersuchung
Aarau/Frankfurt am Main 1976
zitiert: Haffke 1976

Haft, Fritjof — Strafrecht Allgemeiner Teil
9. Auflage
München 2004
zitiert: Haft AT

Harvey, John H./
Orbuch, Terri L./
Weber, Ann L. (Hg.) — Attributions, Accounts and Close Relationships
New York 1992
zitiert: Harvey, Orbuch & Weber 1992

Hassemer, Winfried — Einführung in die Grundlagen des Strafrechts
2. Auflage
München 1990
zitiert: Hassemer 1990

Hassemer, Winfried/
Lüderssen, Klaus (Hg.) — Sozialwissenschaften im Studium des Rechts
Band III – Strafrecht
München 1978
zitiert: Hassemer/Lüderssen 1978

Hassemer, Winfried / Lüderssen, Klaus / Naucke, Wolfgang — Fortschritte im Strafrecht durch die Sozialwissenschaften?
Heidelberg 1983
zitiert: Hassemer/Lüderssen/Naucke 1983

Heckler, Andreas — Die Ermittlung der beim Rücktritt vom Versuch erforderlichen Rücktrittsleistung anhand der objektiven Vollendungsgefahr
Baden-Baden 2002
zitiert: Heckler 2002

Heider, Fritz — The Psychology of Interpersonal Relationships
New York 1958
zitiert: Heider 1958

Heinitz, Ernst — Streitfragen der Versuchslehre
JR 1956, S. 248ff.

Herkner, Werner (Hg.) — Attribution – Psychologie der Kausalität
Bern 1980
zitiert: Herkner 1980

Herzberg, Rolf Dietrich — Beendeter oder unbeendeter Versuch: Kritisches zur neuen Unterscheidung des BGH
NJW 1986, S. 2466ff.

Herzberg, Rolf Dietrich — Grund und Grenzen der Strafbefreiung beim Rücktritt vom Versuch. – Von der Strafzwecklehre zur Schulderfüllungstheorie
in: Festschrift für Karl Lackner
Berlin / New York 1987
zitiert: Herzberg FS-Lackner

Herzberg, Rolf Dietrich — Gesamtbetrachtung und Einzelaktstheorie beim Rücktritt vom Versuch: Entwurf einer Synthese
NJW 1988, S. 1559ff.

Herzberg, Rolf Dietrich — Zum Grundgedanken des § 24 StGB
NStZ 1989, S. 49ff.

Herzberg, Rolf Dietrich — Problemfälle des Rücktritts durch Verhinderung der Tatvollendung
NJW 1989, S. 862ff.

Herzberg, Rolf Dietrich	Theorien zum Rücktritt und teleologische Gesetzesdeutung NStZ 1990, S. 172f.
Herzberg, Rolf Dietrich	Grundprobleme des Rücktritts vom Versuch und Überlegungen de lege ferenda NJW 1991, S. 1633ff.
Jakobs, Günther	Strafrecht Allgemeiner Teil 2. Auflage Berlin / New York 1991 zitiert: Jakobs AT
Jakobs, Günther	Anmerkung zu BGH, Beschluss vom 20. 12. 2002 -2StR 251/02- JZ 2003, S. 743ff.
Jäger, Christian	Das Freiwilligkeitsmerkmal beim Rücktritt vom Versuch ZStW 112 (2000), S. 783ff.
Jähnke, Burkhard / Laufhütte, Heinrich W. / Odersky, Walter (Hg.)	Leipziger Kommentar zum Strafgesetzbuch Erster Band 11. Auflage Berlin 2003 zitiert: LK(11.)-Bearbeiter
Jescheck, Hans-Heinrich / Ruß, Wolfgang / Willms, Günther	Leipziger Kommentar zum Strafgesetzbuch Erster Band 10. Auflage Verlag Walter de Gruyter, Berlin New York 1985 zitiert: LK(10.)-Bearbeiter
Joecks, Wolfgang	Studienkommentar Strafgesetzbuch 6. Auflage München 2005 zitiert: Joecks StGB

Joecks, Wolfgang / Miebach, Klaus (Hrsg.) Münchener Kommentar zum Strafgesetzbuch
Band 1
München 2003
zitiert: MüKo-Bearbeiter

Kampermann, Markus Grundkonstellationen beim Rücktritt vom Versuch
Frankfurt am Main 1992
zitiert: Kampermann 1992

Kindhäuser, Urs / Neumann, Ulfried / Paeffgen, Hans-Ullrich (Hg.) Nomos-Kommentar zum Strafgesetzbuch
Band 1
2. Auflage
Baden-Baden 2005
zitiert: NK-Bearbeiter

Kinzig, Jörg Umfassender Schutz vor dem gefährlichen Straftäter? Das Gesetz zur Einführung der nachträglichen Sicherungsverwahrung
NStZ 2004, S. 655ff.

Krampen, Günter Diagnostik von Attributionen und Kontrollüberzeugungen
Göttingen 1989
zitiert: Krampen 1989

Krauß, Detlef Der strafbefreiende Rücktritt vom Versuch
JuS 1981, S. 883ff.

Kühl, Kristian Strafrecht Allgemeiner Teil
5. Auflage
München 2005
zitiert: Kühl AT

Küper, Wilfried Anmerkung zu BGHSt 31, 170ff.
JZ 1983, S. 264ff.

Kusch, Roger Plädoyer für die Abschaffung des Jugendstrafrechts
NStZ 2006, S. 65ff.

Maurach, Reinhart/
Gössel, Karl Heinz/
Zipf, Heinz — Strafrecht Allgemeiner Teil
Teilband 2
7. Auflage
Heidelberg 1989
zitiert: Maurach/Gössel/Zipf AT 2

Mayer, Hans-Walter — Zur Frage des Rücktritts vom unbeendeten Versuch
BGH, MDR 1983, 328 –
ein Schritt in die richtige Richtung
MDR 1984, S. 187ff.

Mayer, Hans-Walter — Nochmals: Gesamtbetrachtung und Einzelakttheorie beim Rücktritt vom Versuch
NJW 1988, S. 2589f.

Meyer-Goßner, Lutz — Strafprozessordnung
49. Auflage
München 2006
zitiert: Meyer-Goßner

Montada, Leo /
Kirchhoff, Svenja — Accounts: Bewältigung von Ungerechtigkeiten durch praktische Erklärungen -
Eine empirische Untersuchung zur Wirkung der Bitte um Verzeihung am Beispiel alltagsnaher Konfliktsituationen
Manuskript, März 1999
www.gerechtigkeitsforschung.de/berichte/beri130.pdf
zitiert: Montada/Kirchhoff 1999

Murmann, Uwe — Versuchsunrecht und Rücktritt
Heidelberg 1999
zitiert: Murmann 1999

Otto, Harro — Fehlgeschlagener Versuch und Rücktritt
GA 1967, S. 144ff.

Puppe, Ingeborg — Der halbherzige Rücktritt
NStZ 1984, S. 488ff.

Puppe, Ingeborg — Strafrecht Allgemeiner Teil im Spiegel der Rechtsprechung
Band 2
Baden-Baden 2005
zitiert: Puppe AT II

Rau, Ingo — Ernsthaftes Bemühen beim Rücktritt nach § 24 Abs.1 S.1 StGB?
Frankfurt am Main 2002
zitiert: Rau 2002

Rotsch, Thomas / Sahan, Oliver — Anmerkung zu BGH, Beschluss vom 27. 4. 2004 -3 StR 112/04-
JZ 2005, S. 205ff.

Rotthaus, K.P. — Ergänzende Erhebungen über die Verhängung und die vorzeitige Beendigung der lebenslangen Freiheitsstrafe
NStZ 2005, 482ff.

Roxin, Claus — Über den Rücktritt vom unbeendeten Versuch
in: Festschrift für Ernst Heinitz
Berlin 1972
zitiert: Roxin FS-Heinitz

Roxin, Claus — Der Anfang des beendeten Versuchs, zugleich ein Beitrag zur Abgrenzung von Vorbereitung und Versuch bei den unechten Unterlassungsdelikten
in: Festschrift für Reinhart Maurach
Karlsruhe 1972
zitiert: Roxin FS-Maurach

Roxin, Claus — Tatentschluss und Anfang der Ausführung beim Versuch
JuS 1979, S. 1ff.

Roxin, Claus — Strafrecht Allgemeiner Teil
Band II
München 2003
zitiert: Roxin AT II

Rudolphi, Hans-Joachim — Rücktritt vom beendeten Versuch durch erfolgreiches, wenngleich nicht optimales Rettungsbemühen
NStZ 1989, S. 508ff.

Rudolphi, Hans-Joachim / Horn, Eckhard / Günther, Hans-Ludwig / Samson, Erich (Hg.)	Systematischer Kommentar zum Strafgesetzbuch Band I 7., teilweise 8. Auflage München 2005 zitiert: SK-Bearbeiter
Schäfer, Rüdiger	Die Privilegierung des „freiwillig-positiven“ Verhaltens des Delinquenten nach formell vollendeter Straftat Frankfurt am Main 1992 zitiert: Schäfer 1992
Schliebitz, Matthias	Die Erfolgszurechnung beim „misslungenen“ Rücktritt Berlin 2002 zitiert: Schliebitz 2002
Schlüchter, Ellen	Normkonkretisierung am Beispiel des Rücktrittshorizonts in: Festschrift für Jürgen Baumann Bielefeld 1992 zitiert: Schlüchter FS-Baumann
Schönke, Adolf / Schröder, Horst (Hg.)	Kommentar zum Strafgesetzbuch 27. Auflage München 2006 zitiert: Schönke/Schröder-Bearbeiter
Schröder, Horst	Die Freiwilligkeit des Rücktritts vom Versuch MDR 1956, S. 321ff.
Schröder, Horst	Grundprobleme des Rücktritts vom Versuch JuS 1962, S. 81 ff.
Schünemann, Bernd	Die deutschsprachige Strafrechtswissenschaft nach der Strafrechtsreform im Spiegel des Leipziger Kommentars und des Wiener Kommentars (Teil 2) GA 1986, S. 293ff.

Scott, Marvin B. /
Lyman, Stanford M. — Accounts
American Sociological Review, Vol. 33, No. 1. (February 1968), pp. 46-62
zitiert: Scott & Lyman 1968

Shaver, Kelly G. — The Attribution of Blame – Causality, Responsibility and Blameworthiness
New York 1985
zitiert: Shaver 1985

Tipold, Alexander — Rücktritt und Reue – Rücktritt vom Versuch und verwandte Bestimmungen
Wien 2002
zitiert: Tipold 2002

Ullenbruch, Thomas — Nachträgliche Sicherungsverwahrung – Fragen über Fragen
NStZ 2002, S. 466ff.

Ullenbruch, Thomas — Anmerkung zu BGH, Urteil vom 11. Mai 2005 – 1 StR 37/05
NStZ 2005, S. 563ff.

Ulsenheimer, Klaus — Grundfragen des Rücktritts vom Versuch in Theorie und Praxis
Berlin / New York 1976
zitiert: Ulsenheimer 1976

Veh, Herbert — Nachträgliche Sicherungsverwahrung und nachträgliche Tatsachenerkennbarkeit
NStZ 2005, S. 307ff.

Wegener, Hermann /
Lösel, Friedrich /
Haisch, Jochen (Hg.) — Criminal Behavior and the Justice System: Psychological Perspectives
New York 1989
zitiert: Wegener, Lösel & Haisch 1989

Weiner, Bernard — An Attributional Theory of Motivation and Emotion
New York 1986
zitiert: Weiner 1986

Weinhold, Ina Elisabeth	Rettungsverhalten und Rettungsvorsatz beim Rücktritt vom Versuch Baden-Baden 1990 zitiert: Weinhold 1990
Zelen, Seymour (Hrsg.)	New Models, New Extensions of Attribution Theory – The Third Attribution-Personality Theory Conference, CSPP-LA, 1988 New York 1991 zitiert: Zelen 1991
Zwiehoff, Gabriele	Das Rücktrittsverhalten beim beendeten Versuch StV 2003, S. 631ff.

Einleitung

Der Rücktritt gehört nach wie vor zu den umstrittensten Themen des Allgemeinen Teils im Strafrecht. Uneinigkeit besteht bereits bei der Frage, aus welchem Grund das Gesetz dem zurücktretenden Täter Straffreiheit gewährt; die einzelnen Tatbestandsmerkmale werden auf verschiedenste Arten interpretiert, und auch im Hinblick auf die Häufigkeit der Anwendung der Rücktrittsregelung ist keine Einigkeit zu erzielen. Dabei wurde und wird insbesondere die Rechtsprechung des Bundesgerichtshofs heftig kritisiert.
Die vorliegende Arbeit setzt sich zunächst mit der kontroversen Diskussion um ratio legis und Interpretation der Tatbestandsmerkmale des Rücktritts auseinander. Im Ersten Kapitel wird der momentane Stand der Diskussion skizziert, wobei bereits hier der Schwerpunkt darauf gelegt wird, zu welchen Ergebnissen der Bundesgerichtshof jeweils gelangt ist. Fazit dieses Kapitels ist, dass der Bundesgerichtshof augenscheinlich bei allen Einzelfragen die Interpretationsmöglichkeit wählt, die sich insofern zugunsten des Täters auswirkt, als sie den Anwendungsbereich des Rücktritts als sehr weit definiert.
Im Anschluss an diese Darstellung wird deshalb im Zweiten Kapitel die bisherige Rechtsprechung des Bundesgerichtshofs zum Rücktritt von versuchten Tötungsdelikten detailliert ausgewertet und auf ihre täterfreundlichen Tendenzen untersucht. Gerade bei diesen Delikten widerspricht die weiche Rechtsprechungslinie des Bundesgerichtshofs sowohl den Tendenzen in der Legislative als auch dem allgemeinen kriminalpolitischen Klima, so dass die Rechtsprechung hier besondere Aufmerksamkeit verdient.
Im Dritten Kapitel werden schließlich mögliche Erklärungsansätze für die Täterfreundlichkeit des Bundesgerichtshofs beim Rücktritt von versuchten Tötungsdelikten aufgezeigt und daraufhin überprüft, ob sie nachvollziehbare Gründe dafür liefern, dass die Rechtsprechung so eindeutig zugunsten des Täters entscheidet.

Erstes Kapitel: Grundfragen zu gesetzlicher Regelung und faktischer Möglichkeit des Rücktritts vom Versuch – Der momentane Stand der Diskussion

A. Die gesetzliche Regelung des § 24 StGB

Gemäß § 24 I StGB[1] wird „[w]egen Versuchs [...] nicht bestraft, wer freiwillig die weitere Ausführung der Tat aufgibt oder deren Vollendung verhindert. Wird die Tat ohne Zutun des Zurücktretenden nicht vollendet, so wird er straflos, wenn er sich freiwillig und ernsthaft bemüht, die Vollendung zu verhindern."[2]
Dabei setzt § 24 zwei Dinge unzweifelhaft voraus: erstens ist der Rücktritt nur vom Versuch möglich, die Straftat, von der zurückgetreten werden soll, darf also das Vollendungsstadium noch nicht erreicht haben, und zweitens garantiert § 24 die Straffreiheit, so dass er nur bei solchen Delikten Anwendung finden kann, bei denen der Versuch mit Strafe bedroht ist (§ 23 I), und bei denen es aus rechtlichen Gründen überhaupt zum Versuch kommen kann.[3]

B. Ratio legis des Rücktritts

Seitdem der strafbefreiende Rücktritt des Versuchstäters gesetzlich geregelt ist, hat es immer wieder heftige Diskussionen darum gegeben, exakt welche Voraussetzungen diese Regelung denn besitze – ist ein Rücktritt vom fehlgeschlagenen Versuch noch möglich? Wann ist überhaupt ein Versuch fehlgeschlagen? Wie ist der beendete vom unbeendeten Versuch abzugrenzen? Und was bedeutet es, dass der Täter „freiwillig" handeln muss, wenn er in den Genuss des Rücktrittsprivilegs kommen will?
In diesem Kapitel sollen die unterschiedlichen Antworten auf diese Fragen skizziert und ausgewertet werden. Am Ende jeder Problemabhandlung wird dargestellt, zu welcher Lösung der Bundesgerichtshof gekommen ist, und wie er seine Rechtsprechungslinie begründet.
Dieses Vorhaben lässt sich jedoch nicht in die Tat umsetzen, ohne vorher geklärt zu haben, warum das Gesetz eine Straffreiheit für den zurücktretenden Täter vorsieht: häufig hängt die Beantwortung einer einzelnen Detailfrage untrennbar mit dem zusammen, was der Antwortende als Legitimierung des Rücktrittsprinzips erachtet.[4] Die Frage danach, worin die ratio legis des § 24 besteht, beeinflusst also unmittelbar die Fragen zu den einzelnen Tatbestandsvoraussetzungen dieser Norm. Aus diesem Grund wird zunächst dargestellt, welche (Haupt-) Thesen es zur Begründung der von § 24 gewährten Straffreiheit gibt.

---

[1] Im Folgenden sind Paragrafen ohne Bezeichnung solche des Strafgesetzbuchs.
[2] Die Regelung des § 24 II betrifft den Rücktritt vom Versuch bei mehreren Tatbeteiligten. Dieses Thema ist nicht Gegenstand der vorliegenden Arbeit.
[3] LK(11.)-*Lilie/Albrecht*, § 24, Rn. 1
[4] Umgekehrt ist auch die ratio legis häufig so eng mit Detailproblemen der tatbestandlichen Seite verwoben, dass es sich in diesem Abschnitt nicht vermeiden lässt, auf einzelne Merkmale des § 24 kurz Bezug zu nehmen, auch wenn diese erst in den folgenden Abschnitten näher erläutert werden.

I. Die Lehre von der Goldenen Brücke

Die - auch als kriminalpolitische Theorie bezeichnete -[5] Lehre von der Goldenen Brücke tritt in zwei unterschiedlichen Ausprägungen auf. Das Reichsgericht erklärt sie in ihrer positiven Formulierung für sich zur ratio legis des Rücktritts:[6] die Möglichkeit des Rücktritts sei geschaffen worden, um dem Täter, der seine Tat noch nicht vollendet habe, eine „Goldene Brücke" zurück in die Legalität zu bauen, ihm also im Wege der Straffreiheit bei erfolgtem Rücktritt einen Anreiz zur Umkehr zum normgerechten Verhalten zu bieten.
Die negative Fassung der Lehre von der Goldenen Brücke findet sich bei *Feuerbach*,[7] der die Begründung des Rücktrittsprivilegs in folgendem Gedanken sieht: wenn der Staat einem Täter die Option der straflosen Abkehr von einer versuchten Tat versagt, zwingt er ihn geradezu zur Tatvollendung; denn der Täter hat dann durch eventuelle Reue nichts mehr zu gewinnen, durch die Vollendung der Tat nichts mehr zu verlieren – die Strafe bleibt ein- und dieselbe.
Nach der Lehre von der Goldenen Brücke ist das Rücktrittsprivileg also entweder Anreiz (positive Formulierung) zur oder „Nichtabhaltung" (negative Formulierung[8]) des Täters von der Nichtvollendung geplanten Straftat.
Beiden Ausformungen dieser Lehre machen ihre Gegner vor allem einen Vorwurf, nämlich den der Realitätsferne.[9]
Bockelmann stellt fest, der Ansatz der „Goldenen Brücke" sei aufgrund kriminalpolitischer Erwägungen nicht haltbar: die Überlegung, sich durch den Rücktritt von einer bereits verwirkten Strafe wieder befreien zu können, stelle kein Straftäter an; die Theorie basiere also auf einem lebensfremden Konzept.[10]
Schröder nennt „die Vorstellung, der Täter werde durch die Aussicht auf Straflosigkeit zum Rücktritt veranlasst, [...] völlig unreal."[11] Es sei doch so, dass der Täter wenn, dann aus Angst vor Strafe zurücktrete, und nicht etwa, um sich das Privileg der Straffreiheit zu verdienen. Dementsprechend seien „kaum Fälle denkbar, in denen die Vorstellung, straffrei zu werden, für den Täter das Motiv zum Rücktritt" sei.[12]
Ulsenheimer weist darauf hin, die Lehre von der Goldenen Brücke könne nur dann eine valide Begründung für die Existenz des Rücktrittsprivilegs sein, wenn man von der Prämisse ausgehe, die Rücktrittsregelung sei dem Täter bekannt; dies sei jedoch aller Erfahrung nach nicht der Fall.[13] Eine

---

[5] so zum Beispiel LK(11.)-*Lilie/Albrecht*, § 24, Rn. 7ff.; MüKo-*Herzberg*, § 24, Rn. 21ff.
[6] ständige Rechtsprechung des RG; beginnend mit RGSt 6, 341, 342
[7] *Feuerbach*, Kritik des Kleinschrodschen Entwurfs zu einem peinlichen Gesetzbuch für die Chur-Pfalz-Bayerischen Staaten, 2. Teil, Gießen 1804, S. 103; zitiert in: *Ulsenheimer* 1976, S. 42
[8] anknüpfend an die „negative Generalprävention Feuerbachs" (*Joecks*, StGB, § 24, Rn. 8) oder auch die „negativ-kriminalpolitische Theorie" (*Schäfer* 1992, S. 26)
[9] so beispielsweise SK-*Rudolphi*, § 24, Rn. 2; *Baumann/Weber/Mitsch*, AT, § 27, Rn. 7
[10] *Bockelmann*, NJW 1955, 1417, 1418ff.; insoweit zustimmend *Heinitz*, JR 1956, 248, 249; anderer Ansicht MüKo-*Herzberg*, § 24, Rn. 25
[11] *Schröder*, MDR 1956, 321, 322
[12] *Schröder*, JuS 1962, 81
[13] *Ulsenheimer* 1976, S. 66f.; gegenteiliger Auffassung MüKo-*Herzberg*, § 24, Rn. 24

Beeinflussung des Täterverhaltens durch die Rücktrittsvorschrift sei daher auszuschließen.[14]
Außerdem sei nicht empirisch belegbar, ob die Rücktrittsoption dem Täter tatsächlich einen Anreiz zur Umkehr geboten habe,[15] so dass die Theorie der Goldenen Brücke nicht verifizierbar sei.
Den genannten Argumenten kann und will sich der Bundesgerichtshof, wie es scheint, nicht verschließen und lehnt eine weiterführende Zugrundelegung dieser Theorie für seine Rechtsprechung seit seinem Urteil im „Lilo-Fall" unmissverständlich ab.[16]

II. Die Prämien- oder Gnadentheorie

Nach diesem Ansatz beruht die Straflosigkeit des Rücktritts auf einer Art Belohnung des Täters dafür, dass er von der Vollendung der Tat absteht.
Bockelmann drückt das so aus: der zurücktretende Täter „[erwecke] die Hoffnung, dass man sich in Zukunft keiner Übeltat von ihm zu versehen habe."[17]
Zusätzlich wiege er mit seinem Rücktritt das Gewicht des Schuldvorwurfs auf, indem er „verdienstlich" handle;[18] deshalb sei ihm Gnade zu gewähren, sprich: er ist von der Strafe zu verschonen.[19]
Die *Bockelmann*sche Gnadentheorie hat insbesondere auf eine Tatbestandsvoraussetzung des § 24 unmittelbare Auswirkungen, nämlich auf die der Freiwilligkeit des Rücktritts.[20] Die aus dem Erfordernis der „Verdienstlichkeit" resultierenden Anforderungen an die ethische Seite des Rücktrittsmotivs formuliert *Bockelmann* dann auch direkt im Anschluss an die Darstellung seiner Theorie: „Anders als es die h.L. will, ist die sittliche Qualität der Antriebe zum Rücktritt also nicht gleichgültig, sondern entscheidend."[21]
Folgt man der *Bockelmann*schen Auffassung, kann nur der Täter in den Genuss des Rücktrittsprivilegs kommen, der aus ethisch billigenswerten Motiven handelt; anderenfalls kann eine „Verdienstlichkeit" des Täters nicht angenommen werden. Eine solche Erweiterung der Anforderungen an den zurücktretenden Täter ist jedoch nicht aufrechtzuerhalten.
Zum einen sieht der Gesetzestext die von *Bockelmann* gewählte Auslegung des Rücktritttsbegriffs schlicht nicht vor; sie in den Wortlaut der Norm hineinzulesen, stellt eine unzulässige Analogie zu Ungunsten des Täters dar.[22]
Die mit dieser unzulässigen Analogie einhergehende Einengung der Möglichkeit des Rücktritts findet auch keine sachliche Rechtfertigung

---

[14] *Roxin*, AT II, § 30, Rn. 19
[15] NK-*Zaczyk*, § 24, Rn. 2
[16] BGHSt 9, 48, 52; anders die frühere Rechtsprechung, beispielsweise RGSt 14, 19, 23
[17] *Bockelmann*, NJW 1955, 1417, 1420
[18] Aufgrund der von *Bockelmann* vorgenommenen Präzisierung des Anlasses, aus dem dem Täter die „Prämie" des Rücktritts gewährt wird, vermag hier der der Prämientheorie gemachte Vorwurf, sie „paraphrasier[e] die Wirkung der Rücktrittsregelung, erhell[e] aber nicht ihren Grund und ihre Berechtigung" (so *Baumann/Weber/Mitsch*, AT, § 27, Rn. 7 mit weiteren Nachweisen), nicht zu überzeugen.
[19] *Bockelmann*, NJW 1955, 1417, 1420
[20] zum Merkmal der Freiwilligkeit später ausführlich S. 50 ff.
[21] *Bockelmann*, NJW 1955, 1417, 1421
[22] *Schröder*, MDR 1956, 321, 323

dergestalt, dass Täter, die aus hehren Motiven zurücktreten, von vornherein weniger gefährlich agierten, und deshalb besonders privilegierungsberechtigt wären. Wenn schon Aspekte der Gnade und Belohnung eine Rolle spielen sollen,[23] dann muss gelten, dass eine Belohnung da angebracht ist, wo jemand nicht zu Ende führt, was er begonnen hat, und damit einen geringeren Schaden anrichtet, als es ihm möglich gewesen wäre. Warum er sich so entscheidet, muss ihm selbst überlassen bleiben: im Rahmen der Rücktrittsfrage kann dies nicht ins Gewicht fallen. Wie *Heinitz* es ausdrückt, gehört es „nun einmal zum Wesen des Versuchs, dass das Minus im äußeren Tatbestand durch das Plus am Willen ausgeglichen wird; erweist sich daher der auf die Vollendung gerichtete Entschluss als nicht so nachhaltig und beharrlich, so fällt der innere Grund für die Bestrafung hinweg."[24]
Hinzu kommt, dass die Anwendung der Prämientheorie in praktischer Hinsicht für die Beurteilung der Rücktrittsfähigkeit wenig geeignet ist. Das Gericht hätte neben allen anderen Frage auch noch die nach der „Verdienstlichkeit" des Täters zu stellen und zu beantworten. Es müsste zusätzlich zu allen anderen Fragen darüber entscheiden, ob der Täter ein hochwertiges Motiv hatte, und was eigentlich unter einem solchen billigenswerten Motiv zu verstehen ist. Im Sinne der Rechtssicherheit ist eine Verlagerung weg vom objektiven Kriterium und hin zur subjektiven Beurteilung nicht erstrebenswert.
Bereits in seiner Entscheidung vom 14. April 1955[25] erklärt der 4. Strafsenat eindeutig, dass er die Straffreiheit beim Rücktritt nicht als „Belohnung für gutes Verhalten" einstufe, und dementsprechend „[der] sittliche Wert des Rücktrittsgrundes [...] nur insofern Bedeutung [habe], als Beweggründe dieser Art regelmäßig die Straffreiheit [herbeiführten]."[26] Mit dieser Formulierung macht der Bundesgerichtshof klar, dass er die Prämientheorie nicht als ratio legis der Rücktrittsnorm anerkennt.

III. Die strafzweckorientierten Theorien

Als heute herrschendes Erklärungsmodell für die Existenz des Rücktrittsprivilegs können wohl die strafzweckorientierten Theorien gelten.[27] Ihnen zufolge ist im Falle des freiwilligen Rücktritts eine Bestrafung des Täters nicht mehr durch einen - wie auch immer gearteten - Strafzweck gerechtfertigt und muss aus diesem Grund entfallen.

1. Die spezialpräventive Strafzwecktheorie

Die spezialpräventive Variante der Strafzwecktheorie stellt, um die Straffreiheit des zurückgetretenen Täters zu begründen, darauf ab, dass der Täter, der freiwillig vom Versuch zurücktritt, zur Legalität zurückgekehrt ist und so seine

---

[23] Auch das ist nicht unumstritten. *Schröder* widerspricht *Bockelmann*, indem er konstatiert, die vom Gesetz gewährte Straffreiheit des Rücktritts sei kein „Akt der Gnade, sondern ein Institut, das seinen legitimen Platz im Recht selbst hat" (*Schröder*, MDR 1956, 321, 322, Fn. 14).
[24] *Heinitz*, JR 1956, 248, 250
[25] BGHSt 7, 296-300
[26] BGHSt 7, 296, 299
[27] *Roxin*, AT II, § 30, Rn. 4; *Weinhold* 1990, S. 18; MüKo-*Herzberg*, § 24, Rn. 33

Bereitschaft zur Normbefolgung demonstriert,[28] oder, anders formuliert, „keinen perfekten Normbruch“ begangen hat.[29] Damit zeige er eine geringere Gefährlichkeit als der Täter, der das Delikt zur Vollendung führe,[30] und aufgrund dieser erwiesenen geringeren Gefährlichkeit bestehe aus spezialpräventiven Gesichtspunkten keine Notwendigkeit mehr, den Täter wegen des versuchten Delikts zu bestrafen.[31]

Dieser Erklärungsansatz hat heftige Kritik erfahren. Insbesondere *Herzberg* hält den Präventionsgedanken für als ratio legis des § 24 untauglich: zum einen könne man nicht im spezialpräventiven Sinne auf die Gefährlichkeit eines Täters abstellen, da diese Vorgehensweise eine Prognose über das Verhalten des Täters in futuro voraussetze, die auf der Grundlage einer einzelnen Tat nicht zu treffen sei;[32] wer das versuche, gebe sich einem Anfall von „kriminalpolitischem Optimismus [hin, der in den meisten Fällen auf] bloße[m] Wunschdenken und grundlose[r] Spekulation [beruhe]“.[33] Zum anderen sei nicht davon auszugehen, dass ein einmaliger Rücktritt vom Versuch die geringere Gefährlichkeit des Täters belege; schließlich gestatte diese Ansicht auch einem Täter, der von einer versuchten Tat (nur deshalb) Abstand nimmt, um unmittelbar eine andere begehen zu können, den Weg in den straflosen Rücktritt.[34] Das aber könne nicht richtig sein: wer - so ein von *Herzberg* gebildetes Beispiel - täglich seine Frau verprügle, der kehre nicht auf den Boden der Legalität zurück und zeige auch keine Bereitschaft zur Normbefolgung, wenn er „ein einziges Mal vor der Vollendung innehält, weil ihm einfällt, dass das Opfer Geburtstag hat.“[35]

Zutreffend ist, dass gerade bei dem Täter, der seine Frau am Tag nach ihrem Geburtstag erneut (da ja im *Herzberg*schen Beispiel „täglich“) schlägt, von einer dauerhaften Rückkehr zu Legalität und Normtreue nicht die Rede sein kann. Genau so zutreffend ist aber, dass die Frage nach dem Rücktritt immer nur bezogen auf die spezifische, einzelne Tat beantwortet werden muss und kann.[36] Aus diesem Grund greift auch das Argument, aus einem einzelnen Rücktritt könne keine weiterreichende Gefährlichkeitsprognose für den Täter abgeleitet werden, zu kurz, da eine solche Prognose im Rahmen des § 24 gar nicht gefordert ist. Anders als beispielsweise bei der Beurteilung der Frage, ob eine Freiheitsstrafe zur Bewährung ausgesetzt werden kann, geht es bei der Beurteilung des strafbefreienden Rücktritts nicht darum, ob der Täter „künftig [...] keine Straftaten mehr begehen wird“ (so § 56 I S. 1), sondern darum, ob der Täter „freiwillig die weitere Ausführung der [konkreten Versuchs-] Tat

---

[28] *Weinhold* 1990, S. 18

[29] *Schliebitz* 2002, S. 86

[30] *Kühl, AT*, § 16, Rn. 6

[31] LK(11.)-*Lilie/Albrecht*, § 24, Rn. 13

[32] *Herzberg*, FS-Lackner, 325, 342

[33] *Herzberg*, NStZ 1989, 49, 50

[34] MüKo-*Herzberg*, § 24, Rn. 38

[35] MüKo-*Herzberg*, § 24, Rn. 39

[36] So auch *Rudolphi*, NStZ 1989, 508, 511: „[In einem] Tatstrafrecht [dürfen] zur Strafbegründung stets nur die **in einem tatbestandsmäßigen Verhalten** realisierte Tätergefährlichkeit und Normleugnung herangezogen werden [...].“; Hervorhebung durch die Verfasserin

aufgibt oder deren Vollendung verhindert [oder] sich freiwillig und ernsthaft bemüht, die Vollendung zu verhindern" (§ 24 I).
Es kommt also ausschließlich darauf an, ob der Täter im Hinblick auf die versuchte Tat auf den Boden der Legalität zurückgekehrt ist.[37] Ob er - wie *Roxin* es formuliert - darüber hinausgehende „schädliche Neigungen [...oder] vorhandene Deliktsneigungen"[38] besitzt, ist für die Beurteilung des konkreten Versuchsfalles irrelevant und kann als Begründung für eine Bestrafung nicht herangezogen werden.
Als weiteren Kritikpunkt am strafzweckorientierten Ansatz führt *Ulsenheimer* an, die spezialpräventive Strafzwecktheorie kläre die Frage nach der ratio des Rücktritts nicht, sondern verschiebe sie lediglich auf eine andere Ebene: „Ganz klar ist hier das fehlende Strafbedürfnis die Konsequenz aus der geringeren verbrecherischen Intensität des Täterwillens, nicht aber der eigentlich tragende Grund der Rücktrittsvorschrift [...]. [Der] >Wegfall des Strafzwecks< oder die mangelnde >Strafbedürftigkeit< [sind] Rücktrittsfolgen, nicht aber deren Kriterien [...], die die Straflosigkeit [...] begründen."[39] Dieses Argument vermag allerdings nicht zu überzeugen: zwar treten, wenn man der Chronologie des Tatablaufs folgt, der Wegfall des Strafzwecks und die damit einhergehende mangelnde Strafbedürftigkeit erst dann ein, wenn der Täter zurückgetreten ist. Das aber bedeutet nicht, dass sie als ratio für den Rücktritt als „zu spät" ausscheiden. Abstrakte Kriterien zeichnen sich ja gerade dadurch aus, dass sie feststehen, bevor es im konkreten Fall zu ihrem Eintreten kommt - und die Möglichkeit einer Straflosigkeit generell und von vornherein damit zu begründen, dass ein Strafbedürfnis unter bestimmten Voraussetzungen nicht mehr bestehen wird, stellt keinen Zirkelschluss dar.
Der Bundesgerichtshof erklärt in seiner Entscheidung im „Lilo-Fall"[40] nicht nur den Bruch mit der Theorie der Goldenen Brücke, sondern macht gleichzeitig deutlich, dass für die Rechtsprechung der nach erfolgtem Rücktritt entfallene Strafzweck ein Grund für die Straflosigkeit des Täters ist: „Steht der Täter von dem begonnenen Versuch freiwillig ab, so zeigt sich darin, dass sein verbrecherischer Wille nicht so stark war, wie es zur Durchführung der Tat erforderlich gewesen wäre. Seine Gefährlichkeit [...] erweist sich nachträglich als wesentlich geringer."[41] Hinzu komme, dass der Täter, der zurücktritt, eine gewisse Rechtstreue aufweise und unter Beweis stelle, dass er zur Vollendung der Tat nicht fähig sei.[42] Nach Auffassung des Bundesgerichtshofs sieht das Gesetz auch aus diesen Gründen bei einem erfolgten Rücktritt von Strafe ab.[43]

---

[37] Gegen diese Argumentation wendet *Herzberg* ein, sie „liefe auf den Trivialsatz hinaus, ratio des § 24 sei, dem Täter Strafbefreiung zu gewähren, wenn er deren Voraussetzungen erfüllt" (*Herzberg*, FS-Lackner, 325, 329). So simpel liegen die Dinge aber wohl nicht – es geht vielmehr darum, in die Vorschrift des § 24 keine Voraussetzungen hineinzulesen, die vom Gesetzgeber nicht intendiert sind.
[38] *Roxin*, AT II, § 30, Rn. 6
[39] *Ulsenheimer* 1976, S. 79f.
[40] BGHSt 9, 48-53
[41] BGHSt 9, 48, 52
[42] BGHSt 35, 90, 93
[43] BGHSt 9, 48, 52

2. Die generalpräventive Strafzwecktheorie

Im Gegensatz zur spezialpräventiven Strafzwecktheorie stellt die generalpräventive Variante nicht auf eine den Täter betreffende Gefährlichkeitsprognose ab, sondern darauf, dass der Täter den rechtserschütternden Eindruck der Tat durch seinen Rücktritt korrigiert habe,[44] und sich das von ihm verübte Unrecht aus diesem Grund nicht in der Gesellschaft manifestiert habe.[45]

Die generalpräventive Strafzwecktheorie stellt damit für die Straflosigkeit des Rücktritts vom Versuch das Spiegelbild dessen dar, was die Eindruckstheorie im Hinblick auf die Strafbarkeit des Versuchs ist. Nach der Eindruckstheorie ist der Versuch, bei dem ja in objektiver Hinsicht keine Schädigung eines Rechtsguts des Opfers eingetreten ist, deshalb strafwürdig, weil der Versuchstäter das Vertrauen in die geltende Rechtsordnung erschüttert und das allgemeine Gefühl der Rechtssicherheit schon dadurch beeinträchtigt hat, dass er subjektiv eine Rechtsgutsverletzung herbeiführen wollte.[46] Eine Strafwürdigkeit des Versuchs entfällt dementsprechend dann, wenn der Täter im Wege seines Rücktritts die negativen Folgen der Betätigung seines Täterwillens umgehend wieder ausgleicht; kann er sie auch nicht vollständig beseitigen, so reduziert er doch zumindest ihre Intensität.[47] Außerdem ist zu berücksichtigen, dass der Täter kein „schlechtes Beispiel" mehr gibt, da er sich im Wege des Rücktritts zurück auf den Boden der Legalität begeben hat.[48]

Als Hauptargument gegen die generalpräventive Variante der Strafzwecktheorie wird die mangelnde empirische Belegbarkeit der positiven Auswirkungen des Rücktritts ins Feld geführt: es sei weder messbar, inwieweit der Täter das Vertrauen in die Rechtsordnung und das allgemeine Gefühl der Rechtssicherheit wiederherstelle, indem er zurücktrete, noch, welche Rücktrittsleistung in der konkreten Situation vom Täter zu fordern sei, um den Ausgleich herzustellen.[49]

Dieser Kritik begegnet *Greeve*, indem sie konstatiert, auch die generalpräventive Strafzwecktheorie stelle eben immer auf den konkreten Einzelfall ab; es komme also nicht auf eine generelle Messbarkeit des Verhältnisses zwischen der Erschütterung des Rechtsfriedens durch die Versuchshandlung und der Wiederherstellung desselben durch die Rücktrittsleistung an, sondern darauf, ob das Verhalten des Täters beim Rücktritt in concreto geeignet gewesen sei, die Folgen seiner vorherigen Versuchstat zu korrigieren.[50] Dass dies zu einer stark einzelfallabhängigen Beurteilung der Frage, wann ein Täter den oben genannten Ausgleich „geschafft" hat, führt, übersieht *Greeve* nicht.[51] Zu Recht argumentiert sie allerdings, dies bedeute nicht, dass kein

---

[44] LK(11.)-*Lilie/Albrecht*, § 24, Rn. 13
[45] *Weinhold* 1990, S. 20
[46] Schönke/Schröder-*Eser*, Vorbemerkung zu § 22, Rn. 22
[47] zur Möglichkeit der kompletten Wiederherstellung des Sicherheitsgefühls der Allgemeinheit später ausführlich S. 51f.
[48] *Roxin*, FS-Heinitz, 251, 270; sehr detailliert zur generalpräventiven Strafzwecktheorie auch *Haffke* 1976, S. 58ff.
[49] *Weinhold* 1990, S. 21
[50] *Greeve* 2000, S. 197/198
[51] *Greeve* 2000, S. 198

allgemeingültiger Maßstab für die Wiederherstellung des Rechtsfriedens durch den Täter existiere: dieser sei gerade in der Geeignetheit seiner Rücktrittshandlung im Hinblick auf dieses Ziel zu sehen.[52]
Festhalten lässt sich, dass mangelnde empirische Messbarkeit allein kein schlagendes Argument gegen die generalpräventive Strafzwecktheorie sein kann: nur dass etwas nicht präzise belegbar ist, macht es nicht per se falsch. Allerdings erscheint diese Theorie aufgrund der erwähnten starken Konzentration auf die Beurteilung im Einzelfall wenig geeignet als alleinige Begründung für das Rücktrittsprivileg des § 24.
In der Rechtsprechung findet sich dann auch eine Kombination von general- und spezialpräventiver Strafzwecktheorie. Im Urteil zum „Lilo-Fall"[53] stellt der Bundesgerichtshof nicht nur auf Aspekte der geringeren Gefährlichkeit des zurückgetretenen Täters ab, sondern hält auch fest, „eine Strafe erscheint [dem Gesetz im Falle des Rücktritts] nicht mehr nötig, [...] um andere abzuschrecken und die verletzte Rechtsordnung wiederherzustellen. Besonders [...] den Gedanken der Gerechtigkeit hält das Gesetz für besser gewahrt, wenn es dem Täter den verbrecherischen Entschluss, den er rechtzeitig aufgegeben hat, nicht mehr zurechnet."[54]

3. Die interessenausgleichende Befriedungsfunktion von *H.-W. Mayer*

H.-W. Mayer folgt insofern der Strafzwecktheorie,[55] als er ebenfalls davon ausgeht, der Grund für die Straflosigkeit des Rücktritts liege darin, dass der Täter aufgrund einer freiwilligen Entscheidung durch seine Rücktrittshandlung den in der Versuchshandlung inbegriffenen Angriff auf das Rechtsgut zurückgenommen habe.[56]
Zu diesen spezial- und generalpräventiven Überlegungen addiert *H.-W. Mayer* allerdings den weiteren Aspekt des Interessenausgleichs innerhalb der Täter-Opfer-Beziehung:[57] Zweck der Rücktrittsbestimmung sei auch eine „Befriedungsfunktion zwischen Täter und Opfer".[58]
Ähnlich wie bei *Bockelmann* hat auch bei *H.-W. Mayer* die von ihm entwickelte Theorie zur ratio legis direkte Auswirkungen auf die Auslegung insbesondere eines Tatbestandsmerkmals im Rahmen der Rücktrittsregelung, und zwar des vom Täter zu fordernden Rücktrittsverhaltens. *H.-W. Mayer* zufolge sind die Anforderungen an die Rücktrittshandlung des Täters dahingehend zu konkretisieren, dass der Täter durch sein Rücktrittsverhalten die vorhergehenden Gefährdungshandlungen im Opferintegritätsinteresse „in vollem Umfang [kompensiere]".[59] Der Täter müsse die Interessen des Opfers

---

[52] *Greeve* 2000, S. 198
[53] BGHSt 9, 48-53
[54] BGHSt 9, 48, 52
[55] siehe dazu ausführlich *Schäfer* 1992, S. 63ff.
[56] *H.-W. Mayer*, Privilegierungswürdigkeit passiven Rücktrittsverhaltens bei modaler Tatfortsetzungsmöglichkeit, Pfaffenweiler 1986, S. 67f.; zitiert in: *Greeve* 2000, S. 206
[57] LK(11.)-*Lilie/Albrecht*, § 24, Rn. 14
[58] *H.-W. Mayer*, NJW 1988, 2589, 2590
[59] *H.-W. Mayer*, MDR 1984, 187, 189

durch sein Verhalten in Gänze restituieren;[60] nur in diesem Fall sei der Rechtsfriede komplett wiederhergestellt[61] und damit die Straflosigkeit des erfolgten Rücktritts gerechtfertigt. Die Konsequenz dieses Anspruchs, den *H.-W. Mayer* an das Rücktrittsbemühen des Täters stellt, ist folgende: ein Rücktritt kommt nur dann in Betracht, wenn die Opferinteressen aufgrund der Aktivitäten des Täters gewahrt werden. Wird das Opfer nicht unmittelbar vom Täter geschützt, scheidet ein strafbefreiender Rücktritt aus.[62]
Es ist allerdings zweifelhaft, ob die gesetzliche Vorschrift des § 24 tatsächlich so hohe Anforderungen, wie *H.-W. Mayer* sie beschreibt, an den Täter stellen will und stellt. Insbesondere § 24 I S. 2 erwähnt explizit die Möglichkeit des strafbefreienden Rücktritts dort, wo die Tat ohne Zutun des Zurücktretenden nicht vollendet wird, dieser sich aber freiwillig und ernsthaft um die Vollendungsverhinderung bemüht hat. Diese Formulierung ist mit der Forderung *H.-W. Mayers*, das Opfer müsse unmittelbar durch das Verhalten des Täters geschützt werden, nur schwerlich vereinbar.[63] Selbiges gilt auch für die Variante des § 24 I S. 1 1. Alt.: die reine Tataufgabe, die das Gesetz in bestimmten Fällen für einen Rücktritt vom Versuch genügen lässt, läuft zumindest Gefahr, den Ansprüchen *H.-W. Mayers* an das Rücktrittsverhalten des Täters nicht zu genügen. Eine Theorie zur ratio legis des § 24, die mit dem Wortlaut der Vorschrift nicht vereinbar ist, ist aber als Erklärungsansatz nur sehr eingeschränkt geeignet.

IV. Die Schulderfüllungstheorie von *Herzberg*

Vehemente Kritik haben die strafzweckorientierten Theorien insbesondere von *Herzberg* erfahren, der ihnen neben „inhaltliche[r] Armut und bloße[r] Scheinergiebigkeit“[64] vorwirft, auf einer „viel zu weit ausgreifende[n] Mutmaßung“[65] zu beruhen, nämlich der der Validität allgemeiner kriminalpolitischer Erwägungen als Erklärungsgrundlage für den jeweiligen Einzelfall des Rücktritts. In den häufigsten Fällen sei das, was die Strafzwecktheorie als Begründung für die Straflosigkeit des Rücktritts anführe, nämlich die Rückkehr des Täters in die Legalität und zu einem in Zukunft straffreien Lebenswandel, gerade nicht erfüllt;[66] diese Überlegung als Erklärung für die ratio des § 24 heranzuziehen, sei daher realitätsfern und nicht nachvollziehbar.

---

[60] *H.-W. Mayer*, Privilegierungswürdigkeit passiven Rücktrittverhaltens bei modaler Tatfortsetzungsmöglichkeit, Pfaffenweiler 1986, S. 80; zitiert in: *Greeve* 2000, S. 206
[61] LK(11.)-*Lilie/Albrecht*, § 24, Rn. 14
[62] *H.-W. Mayer*, Privilegierungswürdigkeit passiven Rücktrittsverhaltens bei modaler Tatfortsetzungsmöglichkeit, Pfaffenweiler 1986, S. 81; zitiert in: *Greeve* 2000, S. 207
[63] So kommt *H.-W. Mayer* auch im Hinblick auf die Entscheidung BGH, MDR 1983, 328 zu dem Schluss, die „Tataufgabe“ nach § 24 I S. 1 1. Alt. habe dem Integritätsinteresse des Opfers nicht genügt, sondern der Täter hätte für einen strafbefreienden Rücktritt den Erfolg aktiv verhindern müssen; siehe dazu *H.-W. Mayer*, MDR 1984, 187, 189
[64] *Herzberg*, NStZ 1989, 49, 50
[65] *Herzberg*, NStZ 1989, 49, 50
[66] Von *Herzberg* gebildete Beispiele für die Figur des zurückgetretenen, aber keineswegs geläuterten Täter finden sich unter anderem in *Herzberg*, NStZ 1989, 49, 50; *Herzberg*, FS-Lackner, 325, 328ff.; MüKo-*Herzberg*, § 24, Rn. 38f.

Die ratio legis der Rücktrittsvorschrift ist laut *Herzberg* vielmehr in dem in seinen Augen allgemein gültigen Grundsatz zu sehen, dass sich „nach Entstehung einer Rechtsschuld die darauf bezogene staatliche Zwangsandrohung [...] erledigt, wenn der Schuldner durch eine ihm zurechenbare Leistung die Schuld erfüllt."[67] Übertragen auf die Fälle des strafrechtlich zu beurteilenden Rücktritts vom Versuch heißt das Folgendes: der Täter hat durch den Versuch der Tat ein Unrecht begangen, das von staatlicher Seite mit Strafe bedroht ist. Diese Strafdrohung erledigt sich jedoch in dem Moment, in dem der Täter seiner Verpflichtung, den Unrechtszustand zu beenden und sein unrechtmäßiges Verhalten wiedergutzumachen, durch eine ihm zurechenbare Leistung, nämlich seine Rücktrittshandlung, nachgekommen ist.[68] Dabei überträgt *Herzberg* die originär nur dem Zivil- und Öffentlichen Recht eigenen Grundsätze der staatlichen Zwangsandrohung respektive ihrer Erledigung direkt auf den Bereich des Strafrechts, und zwar mit der Begründung, „der Druck des pragmatisch-vernünftigen, sonst die ganze Rechtsordnung durchziehenden Grundsatzes [sei] so mächtig, [...] sein Gerechtigkeitsgehalt [sei] so groß, dass sich ihm auch das Strafrecht nicht verschließen [könne]."[69]
Der Möglichkeit dieser Übertragung widerspricht *Roxin* mit dem Argument, der Unterschied zwischen der strafrechtlichen Situation und derjenigen im Zivil- oder Öffentlichen Recht bestehe darin, dass es in letzteren um die Herstellung rechtmäßiger Zustände gehe; sei dies - beispielsweise durch die Tilgung einer Schuld oder die Beseitigung einer Störung - erreicht, habe sich das rechtliche Problem erledigt.[70] Eine vergleichbare Lage bestehe jedoch im Strafrecht nicht,[71] da es keinen strafrechtlichen Grundsatz gebe, dem zufolge eine nachträgliche Wiedergutmachung die einmal durch die Versuchstat begründete Strafbarkeit beseitige;[72] mit dieser Begründung sei also die Straflosigkeit des Rücktritts nicht zu legitimieren.
Diesen Gedanken führt *Rudolphi* weiter aus, indem er sagt, der Täter erfülle mit seinem Rücktritt eben gerade nicht seine ursprüngliche Rechtsschuld zur Unterlassung des Versuchs, sondern vielmehr die neue, weil erst durch die Versuchshandlung entstandene Rechtsschuld zur Rettung des von ihm in Gefahr gebrachten Opfers.[73] Die Strafbefreiung wird also dafür gewährt, dass der Täter seine „Rettungsschuld" erfüllt hat, nicht dafür, dass er die „Versuchsschuld" durch seinen Rücktritt getilgt hat.
Dem entgegnend stellt *Herzberg* fest, der Gesetzgeber habe sich „insoweit, wie ein Rücktritt strafbefreiend wirkt, für den Erledigungsgrundsatz

---

[67] *Herzberg*, NStZ 1989, 49, 50
[68] *Herzberg*, FS-Lackner, 325, 349
[69] *Herzberg*, NStZ 1989, 49, 50
[70] *Roxin*, AT II, § 30, Rn. 26; mit ausführlichen Beispielen hierzu auch *Weinhold* 1990, S. 25f.
[71] *Zaczyk* vertritt ebenfalls die Auffassung, das Prinzip der Schulderfüllung sei kein strafrechtliches; siehe dazu NK-*Zaczyk*, § 24, Rn. 5
[72] *Roxin*, AT II, § 30, Rn. 26
[73] *Rudolphi*, NStZ 1989, 508, 511; dass es sich hier um eine „Sekundärschuld" handelt, erkennt *Herzberg* zwar an, sieht dies aber nicht als Argument gegen die Schulderfüllungstheorie (*Herzberg*, NStZ 1990, 172).

entschieden".[74] Worauf diese seine Überzeugung fußt, vermag *Herzberg* jedoch nicht genauer zu erklären;[75] der bloße Verweis auf den immensen „Gerechtigkeitsgehalt" des Grundsatzes „Wegfall der Zwangsandrohung nach Erfüllung der zu begleichenden Schuld" reicht hierfür nicht aus. *Herzberg* muss sich daher die Kritik gefallen lassen, die er selbst an den Vertretern der strafzweckorientierten Theorien äußert: dass seine Schulderfüllungstheorie auf einer Mutmaßung beruht und deshalb als alleinige Erklärung für die ratio legis der gesetzlichen Rücktrittsregelung nicht überzeugen kann.[76]
Das schwerwiegendste Argument gegen die *Herzberg*sche Schulderfüllungstheorie führt allerdings *Bergmann* an.[77] *Herzberg* greift für die Definition der Grenzen des Rücktrittsprivilegs auf eben die general- und spezialpräventiven Aspekte zurück, denen er in seiner Kritik an den strafzweckorientierten Theorien die Validität abgesprochen hat. Er begründet diesen Rückgriff damit, die Schulderfüllungstheorie könne nur die positive Seite[78] der Rücktrittsnorm des § 24, also die Strafbefreiung, erklären; das Negativum der Begrenzung des Rücktrittsprivilegs sei hingegen nur mit dem Präventionsgedanken zu rechtfertigen.[79] Diesem Gedanken hält *Bergmann* zu Recht entgegen, was die Grenzen einer gesetzlichen Regelung bestimme, bestimme zwangsläufig auch deren Inhalt, da die Grenzziehung unmittelbaren Einfluss auf den verbleibenden Inhalt der Regelung habe.[80] Es sei daher im Sinne einer überzeugenden Schulderfüllungstheorie nicht möglich, dass *Herzberg* Aspekte der Prävention dort nicht gelten lasse, wo es um die ratio legis des § 24 gehe, diese jedoch dann heranziehe, wenn die Tatbestandsvoraussetzungen der Norm näher zu definieren seien.[81]
Zusammenfassend lässt sich also sagen, dass die *Herzberg*sche Schulderfüllungstheorie für sich allein die ratio legis des Rücktrittsprivilegs nicht erklären kann; eine Erklärung gelingt ihr nur in Kombination mit den Theorien, die *Herzberg* gerade ersetzen wollte.

---

[74] *Herzberg*, FS-Lackner, 325, 349

[75] *Rudolphi* wirft *Herzberg* diesbezüglich vor, er paraphrasiere lediglich den Gesetzestext und lasse die entscheidende Frage nach dem „Warum?" offen (zitiert in: *Herzberg*, NStZ 1989, 49, 51). Dem begegnet *Herzberg* mit der ebenso zutreffenden wie wenig hilfreichen Bemerkung, eine Antwort müsse nicht deshalb falsch sein, weil sie einfach sei (*Herzberg*, NStZ 1989, 49, 51).

[76] Ebenso wenig überzeugend ist der Vorwurf *Herzberg*s gegenüber den Strafzwecktheorien, sie konzentrierten sich auf die Negation der Strafnotwendigkeit, anstatt den positiven Sinn der Strafbefreiung durch den Rücktritt zu formulieren (*Herzberg*, NStZ 1989, 49, 53). Die Schulderfüllungstheorie stützt sich ebenfalls auf ein Negativum, nämlich den Wegfall der Zwangsandrohung.

[77] *Bergmann*, ZStW 100 (1988), S. 329ff.

[78] siehe dazu oben Fn. 63

[79] *Herzberg*, FS-Lackner, 325, 351

[80] *Bergmann*, ZStW 100 (1988), 329, 337

[81] So kann beispielsweise die Schulderfüllungstheorie das gesetzlich vorgeschriebene Erfordernis der Freiwilligkeit des Rücktritts nicht erklären: ein unfreiwilliger Rücktritt oder sogar ein fehlgeschlagener Versuch „erledigen" die Straftat, auch ohne dass in diesen Fällen eine Straffreiheit des Täters eintritt (siehe dazu *Roxin*, AT II, § 30, Rn. 27).

V. Der Opferschutzgedanke als Rücktrittsprinzip

In den bisher genannten Theorien hat ein Aspekt kaum explizite Beachtung gefunden: der des Schutzes desjenigen, der unmittelbar von der Tat betroffen ist, namentlich des Opfers.[82] Eine Ausnahme bildet *Puppe*, die die Lehre von der Goldenen Brücke dahingehend präzisiert, diese Goldene Brücke sei dem Täter vor allem „um der Rettungschance für das Opfer willen" zu bauen.[83] Ihrer Ansicht nach ist „das Bild von der [Goldenen Brücke], die dem Täter gebaut werden soll, [insofern verzerrt], als es eben nicht auf den Täter [, sondern das Opfer] ankommt." [84] Das Interesse des Opfers daran, vom Täter verschont oder gerettet zu werden, sei von höherem Wert als das Interesse der Allgemeinheit an der Bestrafung des Täters.[85]

Nicht als Weiterentwicklung der Lehre von der Goldenen Brücke, sondern als mögliche eigenständige ratio legis hinter der Rücktrittsregelung sieht *Weinhold* Belange des Opferschutzes.[86] Wenn, wie sie es sieht, diejenigen Erklärungen für das Rücktrittsprivileg, die sich mit der Tätersicht befassen, nicht zu befriedigenden Ergebnissen gelangen, dann „bietet es sich an, quasi in entgegengesetzter Richtung, nämlich beim Opfer, nach den Kriterien zu suchen, die bei der Auslegung weiterhelfen."[87] In *Weinholds* Augen sprechen folgende Argumente dafür, den Opferschutz zumindest als einen Teil der ratio des Rücktrittsprinzips anzusehen: erstens ermögliche die Frage nach dem Opfer und nach dem, was zu seinem Schutz im konkreten Fall erforderlich ist, eine präzise Bestimmung des Rücktrittsverhaltens, das dem Täter abzuverlangen ist; die vom Täter geforderte Rücktrittsleistung könne in concreto immer wieder eindeutig bemessen werden.[88] Zweitens entspreche es dem allgemeinen Rechtsempfinden, dass derjenige in den Genuss der Straflosigkeit bei erfolgtem Rücktritt komme, der sich „anders besinnt und sich um sein Opfer kümmert"[89]; lege man den Opferschutz als Maßstab für den Rücktritt an, trage man also zur Verständlichkeit von gesetzlichen Regelungen und gerichtlichen Urteilen und damit zu einer größeren - nicht nur konkreten, sondern auch generellen - Akzeptanz derselben bei.[90] Und drittens diene im Endeffekt das gesamte Strafrecht dem Schutz von Rechtsgütern und so dem Opferschutz.[91] Aus den genannten Gründen kommt *Weinhold* zu der Konsequenz, der Strafanspruch des Staates müsse dort zurückstehen, wo er dem Opferinteresse entgegenstehe.[92] Allerdings geht *Weinhold* zutreffend

---

[82] Anders in *H.-W- Mayers* Befriedungstheorie, die zumindest das Opferinteresse und damit indirekt den Opferschutz berücksichtigt; allerdings bilden auch hier die Interessen des Opfers lediglich einen Teilaspekt der ratio legis des § 24.
[83] *Puppe*, NStZ 1984, 488, 490
[84] *Puppe*, NStZ 1984, 488, 490
[85] *Puppe*, AT II, § 36, Rn. 4
[86] *Weinhold* 1990, S. 30ff.
[87] *Weinhold* 1990, S. 31
[88] *Weinhold* 1990, S. 31f.; zu den Anforderungen an das Täterverhalten siehe später S. 58 ff.
[89] *Weinhold* 1990, S. 33
[90] siehe dazu *E. Allan Lind*: „Verfahrensgerechtigkeit und Akzeptanz rechtlicher Autorität" in: *Bierbrauer u.a.* 1995, S. 3-19
[91] *Weinhold* 1990, S. 31
[92] *Weinhold* 1990, S. 31

davon aus, als ausschließliche ratio der Rücktrittsregelung könne der Opferschutz nicht dienen.[93] Die Straflosigkeit des Täters könne nicht allein davon abhängen, ob er „zum Schutz des Opfers gebraucht werde."[94] Außerdem gehe eine konsequente und exklusive Anwendung des Opferschutzgedanken zu weit, da sie zur Folge habe, dass jegliches Tatvorverhalten des Täters seine strafrechtliche Relevanz verliere, sobald der Täter das aus Gesichtspunkten des Opferschutzes erforderliche Nachtatverhalten an den Tag lege.[95] Hinzu kommt, dass die „ratio Opferschutz" eine Gefahr birgt, die regelmäßig dort auftritt, wo Entscheidungen verstärkt nicht auf der Grundlage genereller Prinzipien und Definitionen, sondern auf Grund konkreter Einzelfallsituationen zu treffen sind: die von *Weinhold* erwähnte Bestimmbarkeit der Anforderungen an das Rücktrittsverhalten des Täters in der konkreten Situation bedeutet gleichzeitig eine mangelnde Bestimmbarkeit dieser Erfordernisse in abstrakter Hinsicht, also das Fehlen von für den Täter vorhersehbaren Maßstäben. Eine Definierbarkeit der Tatbestandsvoraussetzungen in abstracto ist jedoch wünschenswert. In komprimierter Form kann man also sagen: Wenn der Opferschutzgedanke auch nicht als alleinige Erklärung für die Existenz des Rücktrittsprivilegs dienen kann, so spielt er doch bei der Begründung für die Straffreiheit des Rücktritts eine nicht unbedeutende Rolle. Der Bundesgerichtshof nennt in seinem Beschluss vom 28. Februar 1989[96] den Opferschutz „für den Rücktritt maßgeblich"[97] und formuliert die Konsequenz dieser Maßgeblichkeit in seiner Entscheidung zum „Denkzettel-Fall"[98] so: „Dem Täter die Möglichkeit zu eröffnen, Straflosigkeit durch bloßes Ablassen von seinem Opfer zu erlangen, kann insbesondere unter dem Gesichtspunkt des Opferschutzes sinnvoll sein."[99] Konkret bedeutet das, dass eine täterfreundliche Entscheidung - beispielsweise im Hinblick auf die Frage „Beendeter oder unbeendeter Versuch?" - jedenfalls dann wünschenswert ist, wenn sie gleichzeitig opferfreundlich ist, also dem Täter einen zusätzlichen Anreiz bietet, die Tat nicht zu vollenden.[100] Aus dem Wortlaut der Entscheidungen der Strafsenate geht allerdings auch hervor, dass der Bundesgerichtshof den Opferschutz nur für einen Teilaspekt der Begründung für den

---

[93] *Weinhold* 1990, S. 33ff.; gleicher Ansicht Schönke/Schröder-*Eser*, § 24, Rn. 2b, allerdings ohne weitere Begründung; zur Auffassung, der Opferschutz sei Teilaspekt der ratio legis des § 24 siehe auch NK-*Zaczyk*, § 24, Rn. 4
[94] *Weinhold* 1990, S. 34
[95] *Weinhold* 1990,S. 35
[96] BGH NStZ 1989, 317
[97] BGH NStZ 1989, 317
[98] BGHSt 39, 221-232
[99] BGHSt 39, 221, 232
[100] Diese Auffassung begegnet denselben Argumenten, die auch gegen die Lehre von der Goldenen Brücke vorgebracht werden; insbesondere dem, sie sei lebensfremd, weil der Täter die juristische Möglichkeit der Straffreiheit durch einen Rücktritt gar nicht kenne (so zum Beispiel *Puppe*, AT II, § 36, Rn. 5). Valide ist dieses Argument allerdings nur unter der Prämisse, dass der Opferschutz als alleinige ratio legis für den Rücktritt betrachtet wird. Sieht man Gesichtspunkte des Opferschutzes als Teil der Begründung für die Rücktrittsregelung des StGB, genügt es, wenn auch nur sehr wenige Täter unter anderem deshalb von der Tatvollendung absehen, um in den Genuss der Straflosigkeit zu kommen.

strafbefreienden Rücktritt hält und nicht für dessen ausschließliche Legitimierung; er kombiniert den Opferschutz mit spezial- und generalpräventiven Überlegungen.

VI. Kurzfassung der Rechtsprechungslinie

Dem bisher Ausgeführten lässt sich folgende Rechtsprechungslinie im Hinblick auf die ratio legis der Rücktrittsnorm entnehmen: Der Bundesgerichtshof sieht als ratio legis der Rücktrittsregelung des § 24 vor allem die strafzweckorientierte Theorie an, und zwar sowohl in ihrer spezial- als auch in ihrer generalpräventiven Ausrichtung. Zusätzlich nennt er Aspekte des Opferschutzes als Begründung für die Möglichkeit der Straffreiheit des zurückgetretenen Täters.

C. Voraussetzungen für die Möglichkeit des Rücktritts

Nachdem der Standpunkt des Bundesgerichtshofs zum Grund für das Rücktrittsprivileg dargestellt ist, geht es im Folgenden um die Interpretation einzelner Tatbestandsmerkmale des § 24 durch die Rechtsprechung.

I. Fehlgeschlagener Versuch

Im Falle des fehlgeschlagenen Versuchs beginnt die Auseinandersetzung zwischen den Vertretern der unterschiedlichen Ansichten bereits bei der Frage nach der Existenzberechtigung dieser Rechtsfigur. Weitere Diskussionen ranken sich darum, ob der Fehlschlag des Versuchs nach objektiven, objektiv-subjektiven oder subjektiven Kriterien zu beurteilen ist, ob der Fehlschlag eines mehraktigen Versuchs mit Blick auf die einzelnen Akte oder aber das Gesamtgeschehen zu betrachten ist, und welche Fallgruppen unter den Begriff des fehlgeschlagenen Versuchs gefasst werden können.[101]

1. Die Rechtsfigur des fehlgeschlagenen Versuchs

Eine gesetzliche Regelung des fehlgeschlagenen Versuchs existiert nicht. Diese Tatsache dient Teilen der Literatur als Begründung für die Ansicht, der Kategorie des Fehlschlags fehle generell jegliche Legitimation.[102] Dieser Argumentation lässt sich allerdings entgegenhalten, dass es nicht zwingend einer gesetzlichen Festlegung für jede Rechtsfigur bedarf. Im Falle des fehlgeschlagenen Versuchs ergibt sich die Legitimation zwar nicht direkt aus dem Gesetzestext, aber doch aus dem Sach- und Gesetzeszusammenhang: der Begriff des Fehlschlags beschreibt das Nicht-Vorliegen der Tatbestandsvoraussetzungen für einen Rücktritt vom Versuch aus einer ex ante-Sicht. Wenn der Täter die Tat nicht vollenden kann, kann er auch nicht die Tatausführung aufgeben oder die Vollendung verhindern;[103] beide Varianten kommen nur dann in Betracht, wenn dem Täter ein Handlungs-

---

[101] ausführlich zu allen genannten Punkten insbesondere *Kampermann* 1992, S. 1ff.; auch *Greeve* 2000, S. 26ff.

[102] so beispielsweise *Heckler* 2002, S. 151ff. mit weiteren Nachweisen

[103] LK(11.)-*Lilie/Albrecht*, § 24, Rn. 64; SK-*Rudolphi*, § 24, Rn. 8; NK-*Zaczyk*, § 24, Rn. 19

spielraum offen steht,[104] er also überhaupt noch Einfluss auf das Tatgeschehen hat.[105]
Der Bundesgerichtshof entscheidet die Frage nach der Existenzberechtigung des fehlgeschlagenen Versuchs als eigenständige Fallgruppe neben denen des beendeten und unbeendeten Versuchs seit dem Jahr 1982 für sich eindeutig positiv.[106] In seiner Entscheidung „[z]ur Frage des Rücktritts vom unbeendeten Versuch“[107] konstatiert der 2. Strafsenat am 3. Dezember 1982, „[ob] ein Täter nach seiner Vorstellung „die weitere Ausführung der Tat aufgibt“, kann – abgesehen vom **fehlgeschlagenen Versuch**[108]– nicht danach beurteilt werden, ob er sich bei Tatbeginn genaue, weniger genaue oder gar keine Gedanken darüber gemacht hat, wie er den Erfolg herbeiführen kann.“[109] Auch wenn diese Entscheidung sich im Wesentlichen mit der Abgrenzung des beendeten vom unbeendeten Versuch befasst, findet sich an dieser Stelle zum ersten Mal die explizite Nennung des fehlgeschlagenen Versuchs als mögliche weitere Fallkategorie.
Die Prüfung eines eventuellen Fehlschlags nimmt auch der 4. Strafsenat in seinem Urteil vom 22. August 1985[110] vor, bevor er sich der Differenzierung zwischen unbeendetem und beendetem Versuch widmet: „Das Vorhaben des Angeklagten war deshalb [...] nicht endgültig gescheitert, der Versuch deshalb nicht fehlgeschlagen.“[111] Durch die Reihenfolge der Prüfung macht der Senat deutlich, dass zunächst ein fehlgeschlagener Versuch nicht vorliegen darf, wenn ein Rücktritt möglich bleiben soll; erst dann kommt es auf die Beantwortung der Frage nach der Beendigung des Versuchs an.
Sein Urteil vom 10. April 1986[112] betitelt der 4. Strafsenat wie folgt: „Zur Abgrenzung des fehlgeschlagenen Versuchs vom unbeendeten und beendeten Versuch.“ Hierin hält er unmissverständlich fest, „[der] Bundesgerichtshof geht in seiner neueren Rechtsprechung – wie auch die herrschende Meinung in der Literatur [...] – davon aus, dass es außerhalb des Anwendungsbereichs des § 24 eine eigenständige Fallgruppe des fehlgeschlagenen Versuchs für Tatbestandsverwirklichungen gibt, in denen dem Täter die Möglichkeit strafbefreienden Rücktritts versagt ist.“[113] Zwar habe der Bundesgerichtshof „die Frage der Abgrenzung [zu beendetem und unbeendetem Versuch] offengelassen, [er] hat aber ausgeführt, dass jedenfalls solche Versuche nicht als fehlgeschlagen zu bezeichnen sind, in denen der Täter die Tat, wie er weiß, mit den bereits eingesetzten oder zur

---

[104] *Roxin*, FS-Heinitz, 251, 253f.; *Ulsenheimer* 1976, S. 318f.
[105] *Kampermann* 1992, S. 34
[106] beginnend mit der ausdrücklichen Erwähnung des fehlgeschlagenen Versuchs in BGHSt 31, 170, 175; weitergeführt in den Entscheidungen BGHSt 33, 295, 297; 34, 53, 56 und 35, 90, 94; Anwendung auf Fälle der außertatbestandlichen Zielerreichung in BGHSt 39, 221, 232
[107] BGHSt 31, 170-177
[108] Hervorhebung durch die Verfasserin
[109] BGHSt 31, 170, 175
[110] BGHSt 33, 295-302
[111] BGHSt 33, 295, 297
[112] BGHSt 34, 53-58
[113] BGHSt 34, 53, 56

Hand liegenden Mitteln noch vollenden kann."[114] Und zur weiteren Definition des Fehlschlags führt der Senat aus: „Fehlgeschlagen ist ein Versuch jedenfalls dann, wenn es dem Täter, was er weiß, tatsächlich unmöglich ist, im unmittelbaren Fortgang des Geschehens den Erfolg noch herbeizuführen. Entsprechendes gilt, wenn objektiv die Möglichkeit der Vollendung der Tat noch gegeben wäre, der Täter die Mittel, die er dazu benötigt, aber nicht kennt oder nicht verwenden kann, etwa weil er sie objektiv nicht beherrscht oder subjektiv zu ihrer Anwendung nicht in der Lage ist. [...] Liegt der Tat ein fester Plan zugrunde, so ist der Versuch fehlgeschlagen, wenn die Tat nach der Vorstellung des Täters nicht mehr planmäßig ausgeführt werden kann, vielmehr nur noch mit zeitlicher Verzögerung nach dem Ingangsetzen einer neuen Kausalkette vollendet werden könnte."[115]

Noch deutlicher wird der Große Senat für Strafsachen in seinem Beschluss vom 19. Mai 1993[116]: „Abzugrenzen von den Fällen des unbeendeten und beendeten Versuchs, bei denen strafbefreiender Rücktritt möglich ist, sind die Fälle des fehlgeschlagenen Versuchs, in denen entweder der Erfolgseintritt – für den Täter erkanntermaßen – objektiv nicht mehr möglich ist oder der Täter ihn nicht mehr für möglich hält [...]. Nach der Rechtsprechung des Bundesgerichtshofs ist beim fehlgeschlagenen Versuch der Rücktritt ausgeschlossen."[117]

Mit den oben genannten Entscheidungen des Bundesgerichtshofs ist nicht nur klar, dass er den fehlgeschlagenen Versuch als eigenständige Fallgruppe anerkennt.[118] Er legt sich gleichzeitig im Hinblick auf die Frage der Beurteilungskriterien für einen möglichen Fehlschlag auf die Variante der subjektiven Betrachtung[119] fest: indem er immer wieder auf die Kenntnis des

---

[114] BGHSt 34, 53, 56

[115] BGHSt 34, 53 56f.

[116] BGHSt 39, 221-232

[117] BGHSt 39, 221, 228. Seitdem ständige Rechtsprechung: siehe BGH, Beschluss vom 22. Dezember 1993, 2 StR 664/93; Beschluss vom 28. August 2000, 5 StR 300/00; Beschluss vom 27. Oktober 2000, 2 StR 381/00; Beschluss vom 7. November 2000, 4 StR 456/00; Beschluss vom 29. Januar 2002, 4 StR 520/01; Beschluss vom 8. August 2002, 3 StR 239/02; Beschluss vom 5. September 2002, 4 StR 279/02; Beschluss vom 11. Februar 2003, 4 StR 25/03; Beschluss vom 11. März 2003, 4 StR 88/03; Beschluss vom 16. September 2003, 4 StR 362/03; Urteil vom 1. Februar 2005, 1 StR 327/04; Urteil vom 15. September 2005, 4 StR 216/05

[118] In der Literatur stellt beispielsweise *Bockelmann* ebenfalls ohne weitere Diskussion fest: „Ausgeschlossen ist der Rücktritt vom fehlgeschlagenen Versuch (délit manqué)." (*Bockelmann/Volk*, AT, S. 213).

[119] Zutreffend stellt LK(11.)-*Lilie/Albrecht* fest, dass ein aus objektiver Sicht fehlgeschlagener Versuch immer ein untauglicher Versuch ist (LK(11.)-*Lilie/Albrecht*, §24, Rn. 65).

Täters von der Unmöglichkeit der Vollendung abstellt,[120] macht er deutlich, dass sich die Beurteilung des Fehlschlags nach der subjektiven Wahrnehmung des Täters richtet, wenn auch davon auszugehen ist, dass diese von den objektiven Gegebenheiten abhängig ist.[121]
Zusammengefasst heißt das Folgendes: um dem Täter den Rücktritt zu ermöglichen, muss feststehen, dass sein Versuch nicht fehlgeschlagen war. Das heißt, um zurücktreten zu können, muss der Täter die Möglichkeit gehabt und diese erkannt haben, die Tat mit den ihm zur Verfügung stehenden Mitteln in einem räumlich und zeitlich nahen Zusammenhang noch zu vollenden.[122]
Mit dieser Definition des Fehlschlags[123] folgt der Bundesgerichtshof der *Frank*'schen Formel,[124] der zufolge ein Versuch dann fehlgeschlagen ist, wenn der Täter während des Tatablaufs erkennt, dass er selbst dann nicht zum Ziel kommen könnte, wenn er es wollte.[125] Zurücktreten kann nur der Täter, der die Tatausführung für überhaupt noch fortsetzbar und vollendbar hält,[126] nicht aber der, der die Unerreichbarkeit des Tatziels erkennt. [127]

2. Gesamtbetrachtungslehre und Einzelaktstheorie

Unterschiedliche Ansichten zum Fehlschlag gibt es auch bei der Beurteilung mehraktiger Tatgeschehen, also in solchen Fällen, in denen der Täter in mehreren einzelnen Teilakten zur Tat ansetzt, von der letzten Versuchs-Teilhandlung jedoch zurücktritt.
Folgt man der Gesamtbetrachtungslehre, dann ist für die Beurteilung des Fehlschlags der Zeitpunkt der letzten Ausführungshandlung entscheidend.[128] Bei

---

[120] BGHSt 33, 295, 297: „[Denn] die vom Angeklagten benutzte Schusswaffe war, **wie er wusste**, noch geladen."; 34, 53, 36: „[Es sind] jedenfalls solche Versuche nicht als fehlgeschlagen zu bezeichnen [...], in denen der Täter die Tat, **wie er weiß**, [...] noch vollenden kann."; 39, 221, 228: „Fälle des fehlgeschlagenen Versuchs [sind solche], in denen entweder der Erfolgseintritt – **für den Täter erkanntermaßen** – nicht mehr möglich ist oder der Täter ihn nicht mehr für möglich hält."; BGH, Beschluss vom 22. November 1995, 2 StR 586/95, und Beschluss vom 8. Dezember 1995, 2 StR 595/95: „Für die Frage eines strafbefreienden Rücktritts ist **allein maßgebend**, ob der [Täter] im Zeitpunkt des Versuchsabbruchs die Vollendung der Tat – wenn auch mit anderen Mitteln – noch **für möglich hielt**"; Hervorhebungen durch die Verfasserin

[121] in diesem Sinne auch *Kühl*, AT, § 16, Rn. 11

[122] Exemplarisch in der Präzision der Formulierung dazu BGHSt 34, 53, 57; in dieser Entscheidung wird die bereits bestehende Rechtsprechungslinie verdeutlicht und zusammengefasst.

[123] LK(10.)-*Vogler* geht in § 24, Rn. 24 noch davon aus, über die Definition des fehlgeschlagenen Versuchs bestehe keine Einigkeit. Dies ist nach Ansicht der Verfasserin so nicht richtig: die Diskussion in der Literatur um die Anwendung der *Frank*'schen Fornel bezieht sich bereits zu diesem Zeitpunkt auf das Merkmal der Freiwilligkeit des Rücktritts, nicht auf den Aspekt des Fehlschlags.

[124] zitiert unter anderem in Schönke/Schröder-*Eser*, § 24, Rn. 9; *Roxin*, FS-Heinitz, 251, 252

[125] Allerdings sollte der *Frank*'sche Satz „Ich kann nicht zum Ziele kommen, selbst wenn ich es wollte." eigentlich die Konstellation des unfreiwilligen Rücktritts beschreiben; siehe dazu *Roxin*, AT II, § 30, Rn. 79

[126] ausführlich zu den möglichen Fallkonstellationen eines Fehlschlags NK-*Zaczyk*, § 24, Rn. 22ff.

[127] *Greeve* 2000, S. 27; *Roxin*, AT II, § 30, Rn. 78

[128] LK(11.)-*Lilie/Albrecht*, § 24, Rn. 72 mit weiteren Nachweisen

einem mehraktigen Geschehen ist demnach nicht auf jeden einzelnen Teilakt abzustellen, sondern die Gesamtheit der Einzelakte ist als einheitlicher Vorgang zu betrachten.[129]
Kritik erfährt die Gesamtbetrachtungslehre von den Vertretern der Einzelaktstheorie, nach der der Versuch bereits dann fehlgeschlagen ist, wenn die erste Teilhandlung endgültig nicht mehr zur Tatvollendung führen kann. Die Anhänger dieser Auffassung argumentieren zum einen damit, das Unterlassen weiterer Teilakte habe auf die Strafbarkeit des bereits beendeten Versuchs keinerlei Auswirkung.[130] Zum anderen komme hinzu, dass die Gesamtbetrachtungslehre gerade besonders gefährliche Täter privilegiere:[131] derjenige Täter, der nach einer gescheiterten Versuchshandlung die weitere Tatausführung aufgebe und das Tatopfer somit nicht weitergehend gefährde, komme aufgrund des Fehlschlags nicht mehr in den Genuss des Rücktrittsprivilegs, während der Täter, der bereit sei, mehrere Tatmittel einzusetzen, und eventuell erst nach der Ausführung diverser Einzelakte von der Tat Abstand nehme, trotz dieser höheren Gefährlichkeit strafbefreiend zurücktreten könne.
Dem ersten Argument lässt sich entgegenhalten, dass es streng genommen an der eigentlichen Diskussion vorbei geht. Es geht in dieser Frage ja gerade darum, den Zeitpunkt der Beendigung des mehraktigen Versuchs zu definieren; der Gesamtbetrachtungslehre vorzuwerfen, diese Definition sei falsch, weil sie der eigenen nicht entspricht, gibt zumindest für eine konstruktive Auseinandersetzung wenig her.
Das zweite Argument ist nicht zu widerlegen. Nach der Gesamtbetrachtungslehre wird der Täter privilegiert, der - sei es von vornherein im Rahmen seines Tatplanes oder spontan in der konkreten Situation - bereit ist, mehrere Tatmittel in Erwägung zu ziehen und auch einzusetzen und damit das Opfer zumindest in quantitativer Hinsicht intensiver zu gefährden, während demjenigen, der „nur" ein Tatmittel einsetzt und mit diesem scheitert, der Rücktritt wegen des Fehlschlags des Versuchs verwehrt ist. Die Gesamtbetrachtung wirkt sich also für den Täter eines mehraktigen Geschehens täterfreundlich, im Vergleich dazu für den Täter eines einzelaktigen Tathergangs täterfeindlich aus.[132]
Diese Ungleichbehandlung führt - jedenfalls unter der Prämisse, dass der Täter, der mehrmals zur Vollendung der Tat ansetzt, für sein Opfer gefährlicher ist, als derjenige Täter, der sich vorstellt, nur eine Tathandlung durchführen zu müssen, um zum Erfolg zu kommen - zu einem gewissen das Ergebnis betreffende Unbehagen.

---

[129] *Roxin*, FS-Heinitz, 251, 269, Fn. 52
[130] siehe dazu *Häberlin* bei *Ulsenheimer* 1976, S. 190, Fn. 295
[131] so zum Beispiel *Roxin*, FS-Heinitz, 251, 267
[132] Etwas verwunderlich ist allerdings, dass diese Diskussion gerade im Rahmen der Frage nach der Beurteilung mehraktiger Tatgeschehen geführt wird. Der Einzelaktstheorie zufolge gibt es im engen Sinne gar keine mehraktigen Tatvorgänge, da ja jeder Einzelakt selbst zu beurteilen ist; die tatsächliche Ungleichbehandlung existiert demnach nicht zwischen unterschiedlich agierenden Tätern in mehraktigen Versuchskonstellationen, sondern zwischen Mehrakts- und Einzelaktstäter.

Betrachtet man allerdings diese Situation aus der Perspektive des Opferschutzes, drängt sich folgende Frage auf: kann es sinnvoll sein, den gefährlicheren Täter nicht mehr zu privilegieren, um das Ungleichgewicht zwischen ihm und dem weniger gefährlichen Täter auszugleichen?[133] Empfiehlt es sich nicht vielmehr, gerade demjenigen, der zum Einsatz mehrerer Tatmittel und damit zur gefährlicheren Tatbegehung bereit ist, den Weg in den Rücktritt offen zu halten und so das Opfer zumindest möglicherweise zu schützen? Hat das Opfer nicht ein starkes Interesse daran, dass gerade dem gefährlicheren Täter ein Anreiz zum Rücktritt geboten wird?
Die von den Anhängern der Einzelaktstheorie als unbillig empfundene Schlechterstellung desjenigen Täters, dessen Versuch nach dem gescheiterten Einsatz eines Tatmittels fehlgeschlagen ist, ließe sich nur beheben, indem der Täter, der mehrere Einzelakte ausführt und nach der letzten erfolglosen Einzelhandlung von der Tatvollendung absieht, genau so schlecht gestellt würde – aber was wäre damit gewonnen? Beiden Tätern wäre die Rücktrittsmöglichkeit genommen, und damit wäre beiden Tätern kein Anreiz mehr geboten, die Tat nicht zu vollenden. Im Hinblick auf Argumente des Opferschutzes vermag die Einzelaktslösung daher keineswegs zu überzeugen.
Auch in der Frage nach der Behandlung des fehlgeschlagenen Versuchs in Fällen mehraktiger Tatgeschehen kommt der Bundesgerichtshof zu einer eindeutigen Entscheidung: hier stellt er für die Beantwortung der Frage, ob der Versuch fehlgeschlagen ist oder nicht, auf eine Gesamtbetrachtung aus der Sicht des Täters nach der letzten Ausführungshandlung ab - und nicht auf jeden einzelnen Tatakt für sich.[134]
Dies setzt allerdings voraus, dass es sich bei dem mehraktigen Geschehen um einen „einheitlichen Lebensvorgang"[135] handelt. So ist nach der Rechtsprechung einem Täter, der nach dem Scheitern eines bestimmten, von ihm vorgesehenen Tatmittels der Rücktritt nicht verwehrt, wenn er, nachdem er das Scheitern als endgültig erkannt hat, ohne seinen Tatplan aufzugeben und unmittelbar zu einem anderen Tatmittel greift.[136] Dem 4. Strafsenat zufolge wäre die Einteilung eines solchen Tathergangs in einzelne Akte das willkürliche Auseinanderreißen eines zusammenhängenden Geschehens.[137] Der Täter, dem für ihn erkennbar mehrere Tatmittel zur Verfügung stehen, muss also nicht deshalb wegen eines Fehlschlags auf das Rücktrittsprivileg verzichten, weil er mit dem Einsatz eines dieser Tatmittel gescheitert ist. Er kann vielmehr auch nach dem Einsatz mehrerer Tatmittel noch vom gesamten

---

[133] siehe dazu auch *Kampermann* 1992, S. 203; *Kühl*, AT, § 16, Rn. 20
[134] BGHSt 34, 53, 57
[135] BGHSt 34, 53, 57
[136] siehe dazu beispielsweise BGHSt 34, 53-56: nachdem der Täter mit dem Auto auf das Opfer zugefahren war, und dieses sich mit einem Sprung zur Seite hatte retten können, erkannte der Täter, dass er seinen Tatplan (Tötung des Opfers durch Überfahren) nicht mehr erfüllen konnte. Stattdessen stieg er aus dem Auto und würgte das Opfer, ohne es jedoch zu töten. Der BGH geht davon aus, der Tötungsversuch durch Überfahren und das anschließende Würgen seien als einheitlicher Lebensvorgang einzustufen, jedenfalls dann, wenn der Täter „ohne zeitliche Zäsur zum Mittel des Würgens gegriffen hätte" (BGHSt 34, 53, 57).
[137] BGHSt 34, 53, 57

Versuch zurücktreten, wenn sich das mehraktige Geschehen als einheitlicher Lebensvorgang darstellt, und er vom letzten Teilakt wirksam zurücktritt; fehlgeschlagen wäre der Versuch in dieser Konstellation erst dann, wenn auch das letzte Tatmittel versagt, und der Täter sein Ziel nicht mehr in einem räumlich und zeitlich nahen Zusammenhang erreichen kann.

3. Kurzfassung der Rechtsprechungslinie

Der Bundesgerichtshof erkennt den fehlgeschlagenen Versuch als eigenständige Rechtsfigur an und schließt einen Rücktritt nach Fehlschlag aus. Fehlgeschlagen ist der Versuch der Rechtsprechung zufolge dann, wenn der Täter die Versuchstat mit den ihm zur Verfügung stehenden Mitteln nicht mehr erreichen kann, und ihm dies auch bewusst ist. Handelt es sich bei der Versuchstat um ein mehraktiges Geschehen, ist laut Bundesgerichtshof der Gesamtbetrachtungslehre zu folgen und auf den Zeitpunkt nach Ausführung des letzten Einzelakts abzustellen.

Was die dem Begriff des fehlgeschlagenen Versuchs unterfallenden Einzelkonstellationen betrifft, gilt die herrschende Definition des Bundesgerichtshofs nur für Fälle der objektiv-faktischen Unmöglichkeit der Tatvollendung. Das Bestehen einer rechtlichen Unmöglichkeit (beispielsweise einer, wenn auch nur vorgetäuschten, Einwilligung des Opfers in eine Vergewaltigung) führt nach Auffassung der Rechtsprechung nicht zu der Annahme eines fehlgeschlagenen Versuchs.[138]

II. Beendeter und unbeendeter Versuch

Unumstritten ist, dass sich die in § 24 I S. 1 aufgeführten Handlungsalternativen zum Rücktrittsverhalten, die bloße Tataufgabe nach § 24 I S. 1 1. Alt. und die aktive Vollendungsverhinderung nach § 24 I S. 1 2. Alt., auf verschiedene Versuchsstadien beziehen.

Nicht ganz so einhellig wird die diese Alternativen betreffende Terminologie beurteilt; allerdings schließt sich der von der Rechtsprechung[139] entwickelten Unterscheidung zwischen „unbeendetem" (§ 24 I S. 1 1. Alt.) und „beendetem" (§ 24 I S. 1 2. Alt.) Versuch inzwischen ein Großteil der Literatur an.[140]

Unterschiedliche Auffassungen bestehen jedoch in der Rechtsprechung und der Literatur im Hinblick auf die Frage, anhand welcher Kriterien die Abgrenzung zwischen beendetem und unbeendetem Versuch erfolgen soll.

1. Objektive Betrachtungsweise

Ulsenheimer geht davon aus, für die Differenzierung zwischen unbeendetem und beendetem Versuch sei entscheidend, ob vom Täter eine objektive

---

[138] BGHSt 39, 244, 246f.

[139] so beispielsweise RGSt 68, 82, 84, Bezug nehmend auf RGSt 57, 279

[140] zum Beispiel LK(11.)-*Lilie/Albrecht*, § 24, Rn. 92ff.; SK-*Rudolphi*, § 24, Rn. 15ff.; *Roxin*, AT II, § 30, Rn. 163ff.; *Kühl*, AT, § 16, Rn. 23 ff.; *Joecks*, StGB, § 24, Rn. 12 ff.; *Jakobs*, AT, 26. Abschnitt, Rn. 9ff.; *Haft*, AT, S. 245ff.; *Baumann/Weber/Mitsch*, AT, § 27, Rn. 22. Anderer Ansicht *H.-W. Mayer*, MDR 1984, 187, 189f.; *Ulsenheimer*1976, S. 149; *Herzberg*, NJW 1988, 1559, 1563; *Krauß*, JuS 1981, 883, 885

Erfolgsgefahr ausgehe oder nicht.[141] Es komme demnach darauf an, ob der Eintritt des Taterfolges aufgrund der Ausführungshandlungen des Täters objektiv möglich gewesen sei, unabhängig davon, ob der Täter das Bestehen dieser Möglichkeit subjektiv erkannt habe oder nicht,[142] und unabhängig davon, welche Vorstellungen sich der Täter im Rahmen seines Tatplans gemacht habe.[143] Sei die Erfolgsgefahr gegeben, so sei der Versuch stets als beendet anzusehen.[144] Der Auffassung *Ulsenheimers* lässt sich jedoch entgegenhalten, dass sich ihre Konzentration auf die objektive Seite des Tatbestands nur schwer damit vereinbaren lässt, dass es beim Versuch generell verstärkt auf die subjektive Seite ankommt. *Gössel* formuliert dieses Argument gegen die rein objektive Betrachtungsweise folgendermaßen: wenn im Rahmen des § 22 für den Übergang von Vorbereitungsstadium zu Versuchshandlung entscheidend sei, ob der Täter nach seiner Vorstellung zur Tatausführung unmittelbar angesetzt habe, dann müsse sich auch die Versuchsbeendigung nach der Vorstellung des Täters richten; alles andere resultiere in systematischen Widersprüchen.[145]

2. Gemischt subjektiv-objektive Betrachtungsweise

In früheren Publikationen *Roxin*s findet sich die These, für die Abgrenzung zwischen beendetem und unbeendetem Versuch komme es auf die Gefährlichkeit der Versuchshandlung an.[146] Beherrsche der Täter, nachdem er alles nach seiner Vorstellung für den Erfolgseintritt Erforderliche getan habe, das Tatgeschehen und so auch die Gefahr des Erfolgseintritts noch, liege ein unbeendeter Versuch vor;[147] „entäußere"[148] der Täter hingegen die Erfolgsgefahr, indem er den Tatablauf aus der Hand gebe, sei der Versuch damit beendet.[149]

Gegen diese Theorie spricht allerdings, dass sie zulässt, dass sich Umstände, die außerhalb des Einflussbereichs des Täters liegen, darauf auswirken können, ob der Versuch beendet oder unbeendet ist;[150] es liegt nicht immer in der Hand des Täters, ob er das Tatgeschehen auf Dauer beherrscht. Diese Art der Willkür aber ist mit der Regelung des § 24 nicht vereinbar.

---

[141] *Ulsenheimer* 1976, S. 217ff.

[142] *Ulsenheimer* 1976, S. 225

[143] *Ulsenheimer* 1976, S. 225

[144] In dieser Knappheit zusammengefasst *Ulsenheimer* 1976, S. 240; für den beendeten Versuch so auch *Borchert/Hellmann*, GA 1982, 429, 437
Weitergehend *Feltes*, der annimmt, ein Tötungsversuch sei bereits dann beendet, wenn der Täter das Opfer verletze, auch ohne dass die Verletzung tatsächlich geeignet sein müsse, den Tötungserfolg herbeizuführen (*Feltes*, GA 1992, 395, 418), und damit vollendete Körperverletzung, versuchte Tötung und die jeweils dazugehörige Tatschuld in einen Topf wirft.

[145] *Gössel*, ZStW 87 (1975), 3, 23

[146] *Roxin*, FS-Maurach, 213, 224ff.; *Roxin*, JuS 1979, 1, 9f.

[147] *Roxin*, FS-Maurach, 213, 224

[148] *Roxin*, JuS 1979, 1, 10

[149] *Roxin*, JuS 1979, 1, 10

[150] siehe dazu LK(11.)-*Lilie/Albrecht*, § 24, Rn. 95 und *Kampermann* 1992, S. 72f. mit weiteren Nachweisen

Mit einer ebenfalls gemischt subjektiv-objektive Anschauung gehen *Maurach*, *Gössel* und *Zipf* davon aus, die Frage nach der Beendigung des Versuchs müsse anhand der subjektiven Vorstellung des Täters vom „objektiven Stand seines verbrecherischen Tuns"[151] entschieden werden. Nehme der Täter während der Ausführung der Tat an, bisher alles für den Erfolgseintritt Erforderliche getan zu haben, sei der Versuch beendet; sei der Täter der Überzeugung, für den Erfolgseintritt noch weitere Handlungen vornehmen zu müssen, sei der Versuch unbeendet.[152]
Unklar ist allerdings, inwieweit sich diese Theorie überhaupt von einer rein subjektiven Betrachtungsweise unterscheidet: die bloße Erwähnung des „objektiven Stands des verbrecherischen Tuns"[153] ändert nichts daran, dass es im Endeffekt ausschließlich auf die Vorstellung des Täters von der Tatausführung ankommt.

3. Subjektive Betrachtungsweise

Ein Großteil der Literatur[154] und die Rechtsprechung nehmen die Abgrenzung zwischen beendetem und unbeendetem Versuch im Wege der subjektiven Methode vor: allein entscheidendes Kriterium in der Frage der Beendigung ist danach die das Tatgeschehen betreffende Vorstellung des Täters. Unbeendet ist der Versuch, solang der Täter meint, noch nicht sämtliche zur Herbeiführung des Taterfolgs notwendigen Handlungen ausgeführt zu haben, beendet, wenn er davon ausgeht, alles getan zu haben, um den Erfolgseintritt zu bewirken.
Im Hinblick auf diese Definition besteht unter der Vertretern der subjektiven Betrachtungsweise Einigkeit. Umstritten war jedoch lange, auf welchen Zeitpunkt im Tatgeschehen für die Beurteilung der Beendigung abzustellen sein müsse. Der Fortschritt in dieser Diskussion wird deutlich, wenn man die Entwicklung der Rechtsprechung skizziert.

a) Tatplantheorie und Lehre vom Rücktrittshorizont

Das Reichsgericht verfolgt konsequent die Linie der so genannten Tatplantheorie: „Ein beendeter Versuch liegt vor, wenn der Täter alle Handlungen vorgenommen hat, die nach seiner Vorstellung zur begrifflichen Vollendung der Tat gehören. [...] Hat er die Handlungen ausgeführt, durch die sich nach seiner Vorstellung vom Fortgang der von ihm angenommenen Entwicklung der Dinge ein Erfolg ergeben soll, der den Tatbestand der vollendeten Tat erfüllt, so liegt in seinem Tun ein beendeter Versuch [...]."[155]
Daran ändere sich auch nichts, wenn der Taterfolg noch nicht eingetreten sei, und dem Täter weitere Ausführungshandlungen möglich gewesen wären, die dieser aber unterlassen habe: „Die Annahme eines beendeten Versuchs entfällt [...] nicht deshalb, weil der [Täter weitere Tathandlungen hätte

---

[151] *Maurach/Gössel/Zipf*, AT 2, § 41, Rn. 20
[152] *Maurach/Gössel/Zipf*, AT 2, § 41, Rn. 20ff.
[153] *Maurach/Gössel/Zipf*, AT 2, § 41, Rn. 20
[154] siehe dazu zusammenfassend *Kampermann* 1992, S. 77, Fn. 333
[155] RGSt 68, 82, 84

vornehmen können, die zum Erfolg geführt hätten]";[156] entscheidend sei allein, ob der Täter die Handlungen, die er seinem vor der Tat gefassten Plan zufolge für die Herbeiführung des Erfolgs als notwendig erachte, vorgenommen habe.[157]
Der Bundesgerichtshof folgt dieser Auffassung zunächst. In seinem Urteil vom 15. Januar 1960[158] entscheidet der 4. Strafsenat: „Ob der Versuch einer Straftat beendet ist, hängt in erster Linie davon ab, welche Handlungen der Täter bei Beginn der Tatausführung für erforderlich hielt und vornehmen wollte, um den tatbestandsmäßigen Erfolg zu verwirklichen. Hat er diese Handlungen vorgenommen, so ist der Versuch beendet."[159]
Die Tatplantheorie ist auf massiven Widerstand in der Literatur gestoßen.[160]
Die Kritik an der Rechtsprechung basiert dabei auf folgender Überlegung: wie kann es richtig sein, einen Täter, der von vornherein mehrere Arten der Tatausführung eingeplant hat und damit doch eine höhere verbrecherische Energie und Vollendungsbereitschaft an den Tag gelegt hat, demjenigen gegenüber zu privilegieren, der von vornherein davon ausging, nur eine Tathandlung ausführen zu müssen, und nach deren Erfolglosigkeit von seinem Opfer ablässt? Nach der Tatplantheorie bliebe der Versuch desjenigen Täters, der mehrere Tatmittel in Erwägung gezogen, aber nicht sämtlich angewendet hat, unbeendet – er könnte zurücktreten, indem er die weitere Ausführung der Tat aufgibt. Der Täter, der sich nur eine Handlung vorgenommen und diese ausgeführt hat, hätte den Versuch beendet – und müsste die Tatvollendung aktiv verhindern, um in den Genuss des Rücktrittsprivilegs kommen zu können.
Wie *Otto* es formuliert, besteht nach der Tatplantheorie „die einzige Chance eines Täters, der sich nicht darauf vorbereitet hat, seinem Opfer notfalls aufeinanderfolgend mit Messer, Kugel, Gift, Feuer oder Wasser zu Leibe zu rücken, sondern in seiner Einfalt darauf baute, mit einem Stich oder einem Schuss das Opfer zu erledigen, dennoch eine strafbefreiende Rücktrittschance zu erlangen, allein darin, das Opfer nach dem ersten Fehlschlag ohne Säumnis erneut in Lebensgefahr zu bringen."[161]
Trotz der andauernden heftigen Kritik, der sich der Bundesgerichtshof mit Blick auf seine Tatplantheorie ausgesetzt sieht, erfolgt eine Änderung in der Rechtsprechung erst im Jahr 1982.[162] In seiner Entscheidung vom 3. Dezember 1982[163] weist der 2. Strafsenat darauf hin, zwischen den einzelnen

---

[156] RGSt 68, 306, 308
[157] RGSt 68, 306, 308: „nach seiner [sprich: des Täters] Meinung"
[158] BGHSt 14, 75-81
[159] BGHSt 14, 75. Zwar weicht der BGH im so genannten „Rohrzangen-Fall" (BGHSt 22, 176f.) faktisch von der Tatplantheorie ab, stützt diese Abweichung jedoch auf den konkreten Sachverhalt im „vorliegenden Fall" und betont, generell am Tenor des Urteils aus BGHSt 14, 75-81 festzuhalten. Die Tatplantheorie wird auch in BGHSt 22, 330-334 weitergeführt.
[160] siehe zum Beispiel *Schröder*, JuS 1962, 81, 82; *Otto*, GA 1967, 144, 147ff.; *Dreher*, JR 1969, 105, 106f.; *Küper*, JZ 1983, 264, 265; *Herzberg*, NJW 1986, 2466
[161] *Otto*, GA 1967, 144, 147; ähnlich formuliert findet sich dieser Kritikansatz auch bei *Jakobs*, JZ 2003, 743, 744
[162] und damit 26 Jahre nach der Entscheidung im „Flachmann-Fall" vom 20. Dezember 1956
[163] BGHSt 31, 170-177

Senaten herrschten Unstimmigkeiten im Hinblick auf die Differenzierung zwischen unbeendetem und beendetem Versuch, und stellt fest, der Tatplan könne nicht den alleinigen Beurteilungsmaßstab für die Beendigung des Versuchs darstellen. Es komme vielmehr darauf an, ob der Täter das nach seiner vom ursprünglichen Tatplan unabhängigen Vorstellung für den Erfolgseintritt Erforderliche getan habe; es sei also „geboten, den Versuch einer Straftat nur dann als noch nicht beendet anzusehen und dem Täter nicht mehr anzulasten, wenn er von weiteren möglichen Handlungen absieht, bevor er das verwirklicht hat, was nach seiner Vorstellung zur Herbeiführung des Erfolges erforderlich oder möglicherweise ausreichend ist. Ob dies der Fall ist, kann er naturgemäß nicht bei Tatbeginn, sondern erst nach der Tatausführung beurteilen, so dass es auf seine Vorstellung zu diesem Zeitpunkt ankommt."[164]
Der Bundesgerichtshof wendet sich also von der Tatplantheorie ab und der Lehre vom Rücktrittshorizont[165] zu, und das mit deutlichen Worten.
Der mit dem Urteil vom 3. Dezember 1982 begonnenen Rechtsprechungslinie folgt der Bundesgerichtshof bis heute[166] und dehnt den Bereich des unbeendeten Versuchs sogar auf Fälle aus, in denen der Täter einen fest umrissenen Tatplan hat und diesen auch durchführt, danach aber von der Tatvollendung Abstand nimmt.[167]
Die von der Rechtsprechung vertretene Lehre vom Rücktrittshorizont lässt also viel Raum für den unbeendeten Versuch. Allerdings ist sie bei einer Voraussetzung für den unbeendeten Versuch sehr deutlich: sobald der Täter es nach der Ausführung der Tathandlung auch nur für möglich hält, dass der Taterfolg eintreten könnte, ist der Versuch als beendet anzusehen, ein Fürwahrscheinlichhalten oder sicheres Wissen des Täters im Hinblick auf den Taterfolg ist nicht erforderlich.[168] Zu beachten ist dabei auch, „[dass] es vor allem bei gefährlichen Gewalthandlungen und schweren Verletzungen auf der Hand liegt, dass der Täter die lebensgefährdende Wirkung und die Möglichkeit des Erfolgseintritts erkennt und deshalb an die Annahme eines unbeendeten Versuchs strenge Anforderungen zu stellen sind."[169]

---

[164] BGHSt 31, 170, 176
[165] die er in BGHSt 33, 295, 298 auch der Literatur folgend so nennt; in der Literatur teilweise auch als „Rücktrittsperspektive" bezeichnet (so beispielsweise NK-*Zaczyk*, § 24, Rn. 37ff.)
[166] so beispielsweise in BGHSt 33, 295-302; 35, 90-95; 36, 224-226; 39, 221-232; BGH, Urteil vom 5. September 1989, 1 StR 390/89; Urteil vom 10. September 1991, 1 StR 401/91; Urteil vom 23. Oktober 1991, 3 StR 321/91; Beschluss vom 24. Juni 1992, 3 StR 187/92; Beschluss vom 12. August 1992, 2 StR 252/92; Urteil vom 4. April 1995, 1 StR 772/94; Urteil vom 31. Juli 1996, 1 StR 270/96; Urteil vom 24. September 1996, 1 StR 433/96; Beschluss vom 11. März 1999, 4 StR 56/99; Beschluss vom 29. Januar 2002, 4 StR 520/01; Beschluss vom 27. November 2002, 2 StR 427/02; Urteil vom 22. September 2005, 3 StR 256/05
[167] BGHSt 33, 295, 297ff.; BGH, Urteil vom 5. September 1989, 1 StR 390/89
[168] BGHSt 31, 170, 173; 33, 295, 297f.; BGH, Beschluss vom 25. Januar 1995, 2 StR 591/94; Beschluss vom 11. März 1999, 4 StR 56/99; Beschluss vom 21. März 2001, 3 StR 535/00; Beschluss vom 29. Januar 2002, 4 StR 520/01; Beschluss vom 8. August 2002, 3 StR 239/02; Beschluss vom 27. November 2002, 2 StR 427/02; Urteil vom 22. September 2005, 3 StR 256/05
[169] BGH, Beschluss vom 25. Januar 1995, 2 StR 591/94; Urteil vom 22. März 1995, 3 StR 13/95; Beschluss vom 11. März 1999, 4 StR 56/99

Hält allerdings der Täter direkt nach seinem Handeln den Erfolgseintritt für zumindest möglich, gewinnt jedoch unmittelbar darauf den Eindruck, mit einer tödlichen Wirkung seiner Handlungen sei nicht zu rechnen, führt diese „Zwischenperiode“ des Fürmöglichhaltens des Taterfolges nicht zwingend dazu, dass der Versuch bereits beendet ist.[170] Entscheidend für die Frage nach der Beendigung des Versuchs ist allein die „an der wahrgenommenen Wirklichkeit korrigierte Vorstellung“[171] des Täters darüber, ob der Eintritt des Taterfolgs möglich ist oder nicht.

b) Gesamtbetrachtungslehre und Einzelaktstheorie

Wie im Rahmen der Diskussion um den fehlgeschlagenen Versuch[172] gibt es auch bei der Abgrenzung des beendeten vom unbeendeten Versuch unterschiedliche Ansichten darüber, wie mehraktige Tatabläufe zu beurteilen sind.
Die Einzelaktstheorie[173] stellt für die Beantwortung der Frage, ob bei einem mehraktigen Tatgeschehen ein Versuch unbeendet oder beendet ist, auf die Betrachtung der einzelnen Teilhandlungen ab. Die - logisch folgende - harsche Konsequenz, dass in jedem erfolglosen Einzelakt ein beendeter Versuch liegt, von dem der Täter also nur durch aktive Vollendungsverhinderung zurücktreten könnte, vermeidet die Einzelaktstheorie allerdings, indem sie den Versuch dann als unbeendet ansieht, wenn zwischen den vorhergegangen, erfolglosen Teilakten und dem letzten Teilakt, von dem der Täter Abstand genommen hat, ein einheitlicher Lebenszusammenhang besteht.[174] Eine andere Betrachtung wäre auch lebensfremd: wie sollte ein Täter, der doch gerade mehrere Teilakte verübt, um zum Taterfolg zu kommen, sich nach jeder einzelnen fehlgeschlagenen Ausübungshandlung aktiv um die Verhinderung der Tatvollendung bemühen?

---

[170] siehe dazu BGH, Urteil vom 4. April 1995, 1 StR 772/94: dem Angeklagten, der auf die in einem Kleinbus befindlichen Opfer zwei Feuerstöße aus einer Maschinenpistole abgegeben hatte, war direkt nach Abgabe der Schüsse bewusst geworden, dass die Insassen des Fahrzeugs tödlich getroffen sein könnten. Als jedoch etwas später der Kleinbus anhielt, und zwei der Passagiere ausstiegen, stellte der Angeklagte erleichtert fest, dass niemand zu Tode gekommen war. Obwohl sich weitere Patronen im Lauf der Maschinenpistole befanden, und der Angeklagte somit die Tat noch hätte vollenden können, entschloss er sich dagegen weiterzuhandeln.
In diesem Fall geht der BGH davon aus, dass ein Rücktritt vom unbeendeten Versuch durch bloßes Nichtweiterhandeln des Angeklagten entgegen der Auffassung des erstinstanzlichen Gerichts nicht ausgeschlossen war.
Zur Möglichkeit des Rücktritts vom unbeendeten Versuch trotz temporären Fürmöglichhaltens des Erfolgseintritts siehe auch BGH, Urteil vom 23. Oktober 1991, 3 StR 321/91; Beschluss vom 22. Dezember 1993, 2 StR 664/93; Urteil vom 22. März 1995, 3 StR 13/95; Urteil vom 24. September 1996, 1 StR 433/96

[171] BGHSt 36, 224, 226; BGH, Urteil vom 23. Oktober 1991, 3 StR 321/91; Beschluss vom 22. Dezember 1993, 2 StR 664/93

[172] siehe dazu oben S. 37ff.

[173] vertreten beispielsweise bei *Küper*, NJW 1986, 2466, 2468ff.

[174] Nach Ansicht der Verfasserin bleibt damit kein Raum mehr für eine echte „Einzelaktstheorie“. Auch *Küper* geht in NJW 1986, 2466, 2469 davon aus, dass, „[w]enn man [die Einzelaktstheorie] richtig versteht, [...] auch in ihr eine gehörige Portion Gesamtbetrachtung [steckt].“

Seiner Formulierung, der Täter könne „naturgemäß nicht bei Tatbeginn, sondern erst nach der Tatausführung“[175] feststellen, ob der Erfolg eingetreten ist, folgend, stellt sich der Bundesgerichtshof auch bei der Frage nach der Beendigung des Versuchs[176] auf die Seite derer, die eine Gesamtbetrachtung des Tatgeschehens fordern.
Bereits im so genannten „Flachmann-Fall“[177] kommt der 4. Strafsenat zu dem Ergebnis, dass eine „[n]atürliche Handlungseinheit [auch dann vorliegt], wenn der Täter denselben Tatentschluss nach dem unerwarteten Fehlschlag des ersten Mittels unmittelbar anschließend mit einem anderen Mittel zu verwirklichen sucht. Der zweite Tatabschnitt ist jedoch dann als selbständige Handlung zu werten, wenn es dem Täter ursprünglich auf die Verwendung nur eines bestimmten Mittels ankam.“[178] Im selben Urteil stellt der Bundesgerichtshof auch klar, dass „[d]er Rücktritt von dem [...] letzten Tatabschnitt die ganze Handlungseinheit [erfasst].“[179]
Eine Konkretisierung erfährt die Gesamtbetrachtungslehre mit der Entscheidung des 1. Strafsenats vom 1. März 1994:[180] ihr zufolge bleibt der Versuch auch bei mehreren Ausführungshandlungen unbeendet, wenn die „einzelnen Betätigungsakte aufgrund ihres räumlichen und zeitlichen Zusammenhangs objektiv erkennbar derart zusammengehören, dass sie nach der Auffassung des Lebens eine Handlung bilden“.[181]
Die Argumentation, die zu diesem Ergebnis führt, liegt auf der Hand: wenn es für die Beurteilung der Beendigung des Versuchs auf die Vorstellung des Täters vom Tatablauf ankommt, muss sich diese auch auf das gesamte Tatgeschehen beziehen. Kann der Täter „naturgemäß“ erst nach der Tatausführung beurteilen, ob er alles nach seiner Vorstellung Erforderlich für den Erfolgseintritt getan hat, so kann er dies bei mehraktigen Geschehen „naturgemäß“ erst dann, wenn er die letzte der einzelnen Handlungen ausgeführt hat.

4. Erreichen eines außertatbestandlichen Handlungsziels

Umstritten ist die Frage, ob der Versuch auch dann noch als unbeendet beurteilt werden kann, wenn der Täter allein deshalb, weil er ein von ihm angestrebtes Handlungsziel, das nicht vom eigentlichen Tatbestand umfasst ist, erreicht, von der Tatausführung Abstand nimmt. Klassisches Beispiel für eine solche Konstellation ist der Fall des Täters, der sein Opfer verletzt, um ihm einen „Denkzettel zu verpassen“, und nach Erreichen dieses Ziels von weiteren Tathandlungen absieht.[182] Bliebe der Versuch auch nach dem Erreichen eines solchen außertatbestandlichen Handlungsziels unbeendet,

---

[175] BGHSt 31, 170, 176
[176] so wie schon beim fehlgeschlagenen Versuch
[177] BGHSt 10, 129-132
[178] BGHSt 10, 129; dass es dem Täter tatsächlich mehr auf die Verwendung eines bestimmten Mittels als auf die wie auch immer geartete Herbeiführung des Taterfolges ankommt, dürfte in der Praxis recht selten der Fall sein.
[179] BGHSt 10, 129
[180] BGHSt 40, 75-79
[181] BGHSt 40, 75, 78; BGH, Urteil vom 1. März 1994, 1 StR 33/94
[182] so auch in BGHSt 39, 221-232 („Denkzettel-Fall“)

könnte der Täter gemäß § 24 I S. 1 1. Alt. durch die bloße Tataufgabe strafbefreiend zurücktreten.
Diese Möglichkeit wird von Teilen der Literatur mit unterschiedlichen Argumenten abgelehnt: der Täter, der sein außertatbestandliches Ziel erreicht habe, kehre, wenn er danach den Versuch abbreche, nicht zur Legalität zurück, sondern für ihn sei lediglich die weitere Tatausführung sinnlos geworden;[183] der Tatentschluss des Täters habe nur den Denkzettel umfasst, daher sei der Versuch beendet,[184] und bei einem eventuellen Weiterhandeln des Täters liege eine neue Tat vor;[185] es fehle an einer echten Aufgabe der Tat, da der Täter ja erreicht habe, was er gewollt habe;[186] die Einheit des Versuchs umfasse die Zielvorstellung des Täters, und darunter fielen auch Tatziele außerhalb des Tatbestands.[187]
Gerade das letzte Argument verdient jedoch keine Zustimmung: als „Tat" im Sinne des § 24 können nur die Verwirklichung des gesetzlichen Tatbestandes und die Herbeiführung des tatbestandlichen Erfolgs zu verstehen sein. Der Tatbegriff im Sinne des § 24 beinhaltet nicht zusätzlich solche Absichten des Täters, die sich nicht auf den gesetzlichen Tatbestand beziehen, genauso, wie sich die Versuchsstrafbarkeit nach § 22 nicht danach richtet, welche über das Delikt selbst hinausgehenden Ziele der Täter verfolgt.[188] Die Annahme, die Tat nach § 24 umfasse auch Absichten des Täters, die sich nicht auf den eigentlichen Tatbestand beziehen, hat keine Grundlage im Gesetzestext und stellt eine unzulässige Analogie zu Lasten des Täters dar.
Auf die Begründung, der Tatbegriff in § 24 sei streng sachlich-rechtlich zu interpretieren, stützt sich auch der Große Senat in Strafsachen in seiner Entscheidung für die Möglichkeit des Rücktritts vom unbeendeten Versuch im „Denkzettel-Fall".[189] Er führt zusätzlich aus, eine Beendigung des Versuchs trete auch nicht deshalb ein, weil in der Abstandnahme des Täters von der Vollendung kein honorierbarer Verzicht auf die Vollendung zu sehen sei, wenn der Täter sein Hauptziel bereits erreicht habe; § 24 verlange vom Täter für den Rücktritt keine honorierbare Verzichtsleistung.[190]

5. Kurzfassung der Rechtsprechungslinie

Zur Abgrenzung des beendeten vom unbeendeten Versuch lässt sich festhalten: Der Bundesgerichtshof beurteilt die Frage nach der Beendigung des Versuchs nach der subjektiven Betrachtungsweise und stellt somit auf das Vorstellungsbild des Täters von der Versuchstat ab. Seit seiner Entscheidung gegen die Tatplantheorie und für den Rücktrittshorizont kommt es dabei nicht mehr darauf an, was sich der Täter vor oder zu Beginn der Tathandlung

183 so *Jäger*, ZStW 112 (2000), 783, 808f., dem zufolge die Sinnlosigkeit der weiteren Tatausführung allerdings die Freiwilligkeit des Rücktritts verhindert
184 *Kühl*, AT, § 16, Rn. 40
185 *Murmann* 1999, S. 54
186 siehe dazu NK-*Zaczyk*, § 24, Rn. 53 mit weiteren Nachweisen
187 siehe dazu LK(11.)-*Lilie/Albrecht*, § 24, Rn. 122 mit weiteren Nachweisen
188 LK(11.)-*Lilie/Albrecht*, § 24, Rn. 124
189 BGHSt 39, 221-232
190 BGHSt 39, 221, 231f.

vorgestellt hat, sondern auf das subjektive Bild des Täters nach der Ausführung der Tat. Wie schon beim fehlgeschlagenen Versuch folgt die Rechtsprechung auch hier der Gesamtbetrachtungslehre, so dass der maßgebliche Zeitpunkt für die Abgrenzung zwischen beendetem und unbeendetem Versuch bei mehraktigen Tatgeschehen der Zeitpunkt nach der Durchführung der letzten Einzelhandlung ist. Nach der Auffassung des Bundesgerichtshofs kann der Versuch auch dann noch unbeendet sein, wenn der Täter ein von ihm angestrebtes außertatbestandliches Handlungsziel erreicht hat.

III. Das Erfordernis der Freiwilligkeit

Nach dem Wortlaut des § 24 I muss der Täter, um straflos von der versuchten Tat zurücktreten zu können, die weitere Tatausführung „freiwillig" aufgeben, die Tatvollendung „freiwillig" verhindern - das Merkmal der Freiwilligkeit aus § 24 I S. 1 1. Alt. bezieht sich zweifelsfrei auch auf § 24 I S. 1 2. Alt. - oder sich „freiwillig" bemühen, die Tatvollendung zu verhindern.
Neben der Abgrenzung zwischen beendetem und unbeendetem Versuch ist das Merkmal der Freiwilligkeit der Teilaspekt des Rücktritts, dessen Interpretation durch die Gerichte für die vehementeste Kritik der Lehre an der Rechtsprechung gesorgt hat.
Nach § 46 Nr. 1 StGB a. F. kommt ein Rücktritt vom Versuch nur dann in Betracht, wenn der Täter nicht durch Umstände, die von seinem Willen unabhängig sind, an der Ausführung der Tat gehindert wird.[191] Mit dieser Formulierung ist klar, dass ein „freiwilliger" Rücktritt (denn um einen solchen geht es auch in § 46 Nr. 1 StGB a. F., selbst wenn der Begriff explizit nicht im Wortlaut der Norm vorkommt) dann ausscheiden muss, wenn rein äußere Umstände den Täter an der Tatvollendung hindern, diese ihm also objektiv und faktisch unmöglich gemacht ist.[192] Das kann beispielsweise dann der Fall sein, wenn dem Täter das einzig verfügbare Tatmittel abhanden kommt. Dass eine faktisch-objektive Unmöglichkeit der Tatausführung einen freiwilligen Rücktritt ausschließt, war und ist in Rechtsprechung und Literatur vollkommen unstreitig.
Diskrepanzen zwischen den unterschiedlichen Interpretationen der Freiwilligkeit treten dort auf, wo entweder rein innere, tätereigene Gründe den Rücktritt bedingen, oder aber eine Kombination von inneren Beweggründen und äußeren Einflüssen zum Rücktritt führt. Die Beurteilung solcher Fälle erfolgt abhängig davon, welcher der beiden Hauptbetrachtungsweisen zum Freiwilligkeitsbegriff gefolgt wird: der normativen oder der psychologisierenden.

1. Die normative Interpretation des Freiwilligkeitsbegriffs

Vor allem in der Literatur ist die Auffassung weit verbreitet, die Freiwilligkeit des Rücktritts sei anhand normativer Kriterien zu bestimmen. Bei der Frage nach der Freiwilligkeit handele es sich um ein Wertungsproblem, und ob das

---

[191] siehe RGSt 14, 19, 22; 37, 402; 47, 74, 76; 68, 238; 75, 393, 394; BGHSt 4, 56, 57; 7, 296, 299
[192] *Heinitz*, JR 1956, 248, 249; *Schröder*, MDR 1956, 321; *Schröder*, JuS 1962, 81, 82; *Roxin*, FS-Heinitz, 251, 252

Merkmal der Freiwilligkeit erfüllt sei, hänge generell davon ab, ob der Täter zur Legalität zurückkehre[193] und dadurch den rechtserschütternden Eindruck seiner Versuchstat aufhebe.[194] Wann exakt diese Voraussetzungen erfüllt sind, wird allerdings von den einzelnen Vertretern der normativen Betrachtungsweise unterschiedlich definiert. Als ausschlaggebendes normatives Beurteilungskriterium für die Freiwilligkeit des Rücktritts nennt beispielsweise *Bockelmann* die „sittliche Qualität der Antriebe zum Rücktritt".[195] Zwar sei richtig, dass das Strafrecht nicht moralisieren dürfe,[196] und dementsprechend müsse der Rücktritt auch an „individualethischen Maßstäben [gemessen] keine moralische Leistung"[197] sein. Das „Gegenteil" einer moralischen Leistung[198] dürfe der Rücktritt aber auch nicht darstellen, sondern der Täter müsse sich die Straflosigkeit insofern verdienen, als er verdienstlich, also aus sittlich hochwertigen Motiven handeln müsse.
Die bereits im Rahmen der Erörterung der *Bockelmann*schen Prämientheorie genannte Kritik an dieser die Freiwilligkeit betreffenden Ansicht sei an dieser Stelle nur noch einmal kurz zusammengefasst: abgesehen davon, dass der Maßstab der „sittlichen Qualität" des Rücktrittsmotivs die Beurteilung der Freiwilligkeit nicht erleichtert, sondern vielmehr verkompliziert,[199] ist die Forderung nach einer ethischen Hochwertigkeit schlicht nicht mit dem Wortlaut des § 24 vereinbar.
Schünemann vertritt die Ansicht, die durch den Rücktritt bedingte Straflosigkeit dürfe dem Versuchstäter nur in seltenen Ausnahmefällen zugute kommen, und zwar dann, wenn der Täter über sein Rücktrittsverhalten das durch die Versuchstat „erschütterte Sekuritätsgefühl der Allgemeinheit"[200] komplett wiederhergestellt habe. In Anlehnung an die ratio legis des § 24 müsse auch das Kriterium der Freiwilligkeit beurteilt werden: der Rücktritt sei nur dann geeignet, das Sicherheitsgefühl der Allgemeinheit wiederherzustellen - und ergo freiwillig, da diese Anforderung an das Rücktrittsverhalten ja zu erfüllen ist -, wenn er auf dem subjektiven Willen des Täters, der noch eine Entscheidungsmöglichkeit habe, beruhe.[201] Das wiederum sei aber lediglich dann der Fall, wenn der Täter unabhängig von situativen Veränderungen, also allein aus sich heraus, vom Versuch zurücktrete.[202]
Ob die Annahme *Schünemann*s, das Sicherheitsgefühl der Allgemeinheit könne nicht auch dann wiederhergestellt werden, wenn der Täter aufgrund situativer Veränderungen von der Tat Abstand nimmt, so pauschal haltbar ist, erscheint zweifelhaft. Fraglich ist schon, inwieweit der Rücktritt überhaupt den

---

[193] *Roxin*, AT II, § 30, Rn. 355
[194] *Boß* 2002, S. 165
[195] *Bockelmann*, NJW 1955, 1417, 1421; *Bockelmann/Volk*, AT, S. 214f.
[196] *Roxin*, FS-Heinitz, 251, 257; *Heinitz*, JR 1956, 248, 250
[197] *Bockelmann/Volk*, AT, S. 214
[198] *Bockelmann/Volk*, AT, S. 215
[199] Es dürfte nahezu unmöglich sein, einhellig festzustellen, wann das Rücktrittsmotiv zwar nicht unbedingt eine nach individualethischem Verständnis moralische Leistung, aber doch immerhin ein anzuerkennendes Verdienst des Täters beinhaltet.
[200] *Schünemann*, GA 1986, 293, 323
[201] *Schünemann*, GA 1986, 293, 324
[202] *Schünemann*, GA 1986, 293, 324f.

durch die Versuchstat entstandenen Eindruck der Unsicherheit zu beseitigen vermag: simplifiziert ausgedrückt, ist ja bereits „etwas passiert", auch wenn der Täter die Versuchstat nicht zu Ende bringt. Und selbst wenn man davon ausgeht, dass mit dem „Sekuritätsgefühl der Allgemeinheit" nicht das Gefühl der Sicherheit gemeint ist - und gemeint sein kann -, das in einer straftatfreien Situation besteht, sind Fallkonstellationen vorstellbar, in denen ein Rücktritt des Täters auch aufgrund situativer Veränderungen in einer Wiederherstellung des Sicherheitsgefühls resultieren kann. Für das beim Opfer einer Straftat wiederherzustellende Sicherheitsgefühl kann es beispielsweise von Bedeutung sein, ob es verstehen und nachvollziehen kann, aus welchen Gründen der Täter von ihm abgelassen hat – und dieses Verständnis kann beim Zusammenspiel situativer Veränderungen und tätereigener Motive leichter sein, als wenn der Täter allein aus subjektiven und für das Opfer nicht direkt nachvollziehbaren Gründen von der Tatvollendung absieht.[203] So lange diese Möglichkeit besteht, erscheint es nicht gerechtfertigt, die Option des strafbefreienden Rücktritts so weit einzuschränken, wie *Schünemann* dies tut.
Im Zuge der Weiterführung seiner Schulderfüllungstheorie kommt *Herzberg* zu dem Ergebnis, der Rücktritt sei dann freiwillig, wenn die in der Rücktrittshandlung liegende Erfüllungsleistung des Täters diesem qualifiziert zurechenbar sei.[204] Es wird jedoch nicht klar, worin diese zusätzliche Qualifikation der Freiwilligkeit im Vergleich zu der *Herzberg*schen prinzipiellen Anforderung der Zurechenbarkeit an die Rücktrittshandlung per se liegen soll; Herzberg beschränkt sich darauf festzustellen, „[der] pflichtgemäße Verzicht auf die Deliktsvollendung [müsse] noch freier beschlossen sein als die Erfüllung des zivil- oder öffentlichrechtlichen Anspruchs [..., und dementsprechend genüge für einen freiwilligen Rücktritt nicht] schon die zurechenbar gewollte, sondern erst die frei gewollte Wiedergutmachung".[205] Den Begriff „freiwillig" mit den Worten „frei gewollt" zu erklären, ist allerdings für eine klare Definition der Freiwilligkeit wenig ergiebig.
Zu der Auffassung, die Freiwilligkeit müsse anhand normativer Gesichtspunkte beurteilt werden, kommt auch *Roxin*.[206] Das für die Bewertung maßgebliche Kriterium ist nach seiner „Lehre von der Verbrechervernunft" darin zu sehen, ob der Täter sich nach den Maßstäben eben jener Verbrechervernunft verhält: Nehme der Täter von der Vollendung Abstand, weil die Tat „vernünftigerweise" unter den jetzt gegebenen Umständen nicht mehr zu vollenden sei, handele er

---

[203] Möglich ist das zum Beispiel in folgendem Fall: entgegen der Erwartung des Täters setzt sich das ihm körperlich eindeutig unterlegene Opfer vehement gegen ihn zur Wehr. Daraufhin beschließt der Täter, obwohl ihm die Ausführung der Tat noch möglich wäre, es nicht zur Vollendung kommen zu lassen. Für das Sicherheitsgefühl des Opfers kann es in dieser Situation hilfreich sein zu wissen, dass seine Gegenwehr den gewünschten und unmittelbaren Erfolg gezeigt hat. Die Überzeugung „Dass ich mich gewehrt habe, hat dazu geführt, dass nichts Schlimmeres passiert ist" kann eventuell zum Gefühl der generellen Sicherheit mehr beitragen als der Gedanke „Es ist zwar nichts Schlimmeres passiert, aber ich weiß nicht genau, warum."
[204] *Herzberg*, FS-Lackner, 325, 352
[205] *Herzberg*, FS-Lackner, 325, 357
[206] *Roxin*, FS-Heinitz, 251, 255

unfreiwillig.[207] Freiwillig ist *Roxin* zufolge der Rücktritt nur dann, wenn sich der Täter zum Rücktritt entschließt, obwohl dies nach den „Regeln des Verbrecherhandwerks“[208] unvernünftig ist, da nur diese Abwendung von der verbrecherischen Norm würdig ist, mit Straffreiheit belohnt zu werden;[209] ein rein im Verbrechersinne zweckmäßiges Verhalten hingegen demonstriere nicht den für die Straflosigkeit erforderlichen Willen des Täters zur Rückkehr in die Legalität.[210] Anders ausgedrückt zeige sich in der „Unvernunft [des Täters] die schließliche Durchsetzung einer rechtskonformen Einstellung und damit eine Rückkehr in die Legalität, die [...] eine Strafbefreiung rechtfertigt.“[211]
Dass, wie *Roxin* selbst feststellt, freiwilliges menschliches Handeln auch unvernünftige Aktion einschließt,[212] spricht in keiner Weise gegen seine „Lehre von der Verbrechervernunft“ – schließlich definiert er die Freiwilligkeit des Rücktritts ja gerade über die „verbrecherische Unvernunft“ des Täters. Problematisch ist jedoch, dass freiwilliges Handeln dem Begriff nach auch die Möglichkeit vernünftigen Handelns beinhaltet, und *Roxin* - obwohl er um diese Tatsache weiß -[213] das vernünftige Handeln des Täters und dessen freiwilligen Rücktritt als einander ausschließend klassifiziert. Damit setzt er den Begriff der Freiwilligkeit mit dem der Täterunvernunft gleich und engt ihn so in einer dem Gesetzestext nicht entsprechenden Weise ein.

2. Die psychologisierende Interpretation des Freiwilligkeitsbegriffs

Entgegen der normativen stellt die psychologisierende Betrachtungsweise bei der Beurteilung der Freiwilligkeit nicht auf wertende, sondern auf psychologische Gesichtspunkte ab: entscheidendes Kriterium für die Freiwilligkeit sei, ob das Rücktrittsmotiv solchen Einfluss auf den Täter ausgeübt habe, dass dieser nicht mehr frei habe wählen können. Sei das der Fall, liege aufgrund des enormen psychologischen Drucks auf den Täter eine Zwangslage vor, die einen freiwilligen Rücktritt ausschließe. Sei der Täter jedoch weder durch äußeren noch durch seelischen Druck unfähig, die Tat zu vollenden, stehe ihm die Möglichkeit eines strafbefreienden freiwilligen Rücktritts offen, und zwar unabhängig von der ethischen Qualität des Rücktrittsmotivs.
Heinitz zufolge ist der Rücktritt dann als unfreiwillig anzusehen, wenn die Vollendung der Tat zwar theoretisch noch möglich, dem Täter jedoch aus praktischen und psychologischen Gründen verwehrt ist.[214] Lasse das Rücktrittsmotiv dem Täter „im Sinne des täglichen Lebens“[215] keine andere Wahl,

---

[207] *Roxin*, AT II, § 30, Rn. 383
[208] *Roxin*, AT II, § 30, Rn. 383
[209] *Roxin*, AT II, § 30, Rn. 383
[210] *Roxin*, FS-Heinitz, 251, 256
[211] *Roxin*, AT II, § 30, Rn. 384
[212] *Roxin*, FS-Heinitz, 251, 255
[213] *Roxin*, FS-Heinitz, 251, 255: „Erst recht schließt die Vernunft des Täterhandelns nicht die Freiheit aus [...].“
[214] *Heinitz*, JR 1956, 248, 249
[215] *Heinitz*, JR 1956, 248, 249

als die Tat sein zu lassen, sei der Rücktritt unfreiwillig; sei das Rücktrittsmotiv jedoch nicht für den Rücktritt zwingend, sei eine Freiwilligkeit zu bejahen.[216]
Mit der Frage danach, wann der jeweilige Anlass als für den Rücktritt zwingend zu verstehen ist, setzt sich *Schröder* anhand solcher Fälle auseinander, in denen der Täter zwar objektiv weiterhandeln könnte, dies aber aus Gründen der Vernunft nicht tut; insbesondere dann, wenn durch „eine Veränderung der Sachlage das Risiko für [den Täter] zu groß geworden ist."[217]
Dabei kommt *Schröder* zu dem Ergebnis, der Rücktritt sei dann freiwillig, wenn der Täter aus autonomen Motiven handele, wenn er sich also rein aufgrund innerer Überlegungen zum Rücktritt entschließe, ohne dass sich die objektive Lage zu seinem Nachteil verändert hätte.[218] Unfreiwillig sei der Rücktritt hingegen dann, wenn der Täter aufgrund heteronomer Einflüsse von der Vollendung der Tat absehe, wenn also äußere Umstände die Sachlage so zu Ungunsten des Täters verändert hätten, dass er die Tat vernünftigerweise nicht mehr vollenden könne.[219] Nach *Schröders* Ansicht kommt es für die Beurteilung der Frage, ob der Täter aus autonomen oder heteronomen Motiven gehandelt hat, ausschließlich auf die subjektive Vorstellung des Täters an.[220]
Dass diese psychologisierende Interpretation des Freiwilligkeitsbegriffs häufig auf Kritik gestoßen ist, vermag aus mehreren Gründen zunächst nicht zu verwundern. Zum einen stellt sich ein praktisches Problem: wie soll der Tatrichter im Nachhinein feststellen, was der Täter im Moment des Rücktritts subjektiv empfunden hat, ob er zum Beispiel die Tat aus Schrecken über sein Tun aufgegeben (und damit freiwillig gehandelt) hat, oder ob er vom Schock so paralysiert war, dass ihm eine freie Entscheidung nicht mehr möglich war?[221]
Zum anderen: Welchen Grad der Intensität darf eine innere Regung beim Täter erreichen, bis sie ihm den Rücktritt versperrt? Ist es für das Tatopfer nicht eventuell beruhigend zu wissen, dass der Täter die Tat aufgeben musste, weil ihm die Vorstellung der Tatvollendung absolut unerträglich war? Zeigt sich nicht gerade hierin, dass der Täter eher weniger „verbrecherisch" handelt, wenn er die Tatausführung praktisch nicht aushalten kann? Und drittens: Nimmt ein Täter aus Reue, Scham oder Mitleid mit dem Opfer von der weiteren Tatausführung Abstand,[222] so fällt die Annahme, der Rücktritt sei freiwillig geschehen, nicht schwer. Was aber geschieht in den Fällen, in denen ein Zusammentreffen von autonomen und heteronomen Motiven Beweggrund für den Rücktritt des Täters ist,[223] zum Beispiel bei einer - zumindest vom

---

[216] *Heinitz*, JR 1956, 248, 249
[217] *Schröder*, JuS 1962, 81, 83
[218] *Schröder*, JuS 1962, 81, 83; als Beispiele führt *Schröder* Mitleid mit dem Opfer, den Verlust der Tatcourage, aber auch die Angst vor Strafe an.
[219] *Schröder*, JuS 1962, 81, 83
[220] *Schröder*, JuS 1962, 81, 83
[221] siehe dazu *Roxin*, FS-Heinitz, 251, 253; *Ulsenheimer* 1976, S. 301
[222] oder, wie es das Reichsgericht in RGSt 14, 19, 22 ausdrückt, „von seinem Gewissen gedrückt [...], also freiwillig"
[223] für eine detaillierte Auflistung von Fällen der Freiwilligkeit respektive Unfreiwilligkeit siehe NK-*Zaczyk*, § 24, Rn. 69ff.

Täter befürchteten - Entdeckung der Tat?[224] Ist hier schon eine die Freiwilligkeit ausschließende Zwangslage gegeben?
Trotz der gerade aufgeworfenen Fragen bleibt jedoch festzuhalten, dass die psychologisierende Interpretation des Freiwilligkeitsbegriffs der normativen Interpretation vorzuziehen ist. Dabei spielt es weniger eine Rolle, dass auch die wertende Betrachtung bei der Frage nach der Freiwilligkeit des Rücktritts häufig nicht zu eindeutigen und inhaltlich konkretisierenden Ergebnissen zu kommen vermag;[225] allein, dass die eine Theorie nicht „besser" ist, kann nicht für die andere sprechen. Bedeutsam ist vielmehr, dass eine rein normative Interpretation der Freiwilligkeit dem Wortlaut des § 24 widerspricht. Der Begriff der Freiwilligkeit beinhaltet nur, dass der Täter bei seinem Rücktritt seinen freien Willen betätigt hat, und dementsprechend kann auch für die Freiwilligkeit nur entscheidend sein, ob der Willen des Täters noch „frei" war oder eben nicht. Die Willensfreiheit kann, wenn man die „verfassungsrechtlich gewährleistete Wortlautschranke"[226] beachten und keine Analogie zu Lasten des Täters ziehen möchte, nicht in eine verdienstliche, sittlich hochwertig motivierte oder das Sicherheitsgefühl wiederherstellende Willensfreiheit umgedeutet werden, sondern es muss bei der Definition „frei, weil nicht durch Zwang unfrei" bleiben, wenn dem Gesetzeswortlaut Genüge getan werden soll.
Unter anderem aus diesem Grund macht sich die Rechtsprechung das psychologisierende Freiwilligkeitsverständnis zu eigen.
Das Reichsgericht geht zunächst davon aus, ein Täter, der „von seinem Gewissen gedrückt" und somit nicht durch „Umstände, die von seinem Willen unabhängig waren, gehindert" die Tat nicht vollende, trete freiwillig zurück.[227] In einer späteren Entscheidung konkretisiert es die vom Willen des Täters unabhängigen Umstände dahingehend, dass es sich hierbei jedenfalls um sämtliche „Vorkommnisse der Außenwelt"[228] handele, über die der Täter keine Kontrolle ausübe. Auch wenn äußere Umstände zur Tataufgabe geführt hätten, sei diese jedoch nur dann unfreiwillig, wenn diese Umstände den Täter gezwungen hätten, die Tat nicht zu vollenden;[229] und dieser Zwang sei nach dem subjektiven Empfinden des Täters zu beurteilen.[230]
Straflos sei der Rücktritt dementsprechend immer dann, wenn der Täter lediglich aufgrund von Umständen, die von seinem Willen abhingen, auf die Tatvollendung verzichte;[231] hierbei handele es sich um die inneren Seelenvorgänge

---

[224] Dabei ist eine Tat entdeckt, „wenn jemand anderes von ihr Kenntnis erlangt hat, von dem zu erwarten ist, dass er entweder den Eintritt des Erfolges verhindern oder die Strafverfolgung veranlassen wird"; Entdecker kann auch das Tatopfer sein (BGHSt 24, 48,49f.).
[225] so zum Beispiel im Hinblick auf *Bockelmann*s Forderung nach sittlich hochwertigen Motiven oder auch auf *Schünemann*s Wiederherstellung des Sicherheitsgefühls der Allgemeinheit
[226] *Boß* 2002, S. 167
[227] RGSt 14, 19, 22
[228] RGSt 37, 402, 403
[229] RGSt 37, 402, 405
[230] RGSt 37, 402, 406
[231] RGSt 37, 402, 403

des Täters.[232] Trete ein Täter allein aufgrund solcher innerer Umstände zurück, sei die Straflosigkeit generell zu bejahen, und zwar unabhängig davon, ob diese Umstände als „sittliche Motive" einzustufen seien oder nicht.[233]
Das Reichsgericht bringt in dieser Entscheidung drei wichtige Komponenten der psychologischen Interpretation der Freiwilligkeit ins Spiel: die Unterscheidung nach autonomen und heteronomen Motiven, den Ausschluss der Freiwilligkeit durch eine psychologische (vom Täter empfundene) Zwangslage und das Nicht-Erfordernis der sittlichen Qualität des Rücktrittsmotivs. Dabei kommt die Rechtsprechung hier zu folgendem Ergebnis: ein Rücktritt muss, um freiwillig zu sein, zwar nicht aus ethisch hochwertigen Motiven erfolgen. Er darf jedoch weder auf rein heteronome Motive noch auf eine psychische Zwangslage zurückzuführen sein.
An diesen Maßstäben ändert das Reichsgericht in seinen weiteren Entscheidungen nichts und wendet sie bei der Klärung einzelner Fragen wie zum Beispiel die der drohenden Tatentdeckung,[234] der Furcht des Täters vor einer der Entdeckung folgenden Bestrafung,[235] der Scham und Scheu vor dem Tatopfer[236] oder eines heftigen Schreckens nach dem ersten gegen das Opfer geführten Schlag[237] an.
In einem Urteil des Reichsgerichts vom 18. Dezember 1941[238] zeichnet sich in der Rechtsprechung dann jedoch eine Tendenz weg von der psychologisierenden und hin zu einer normativen Betrachtungsweise der Freiwilligkeit, wie sie sich später in *Roxin*s „Lehre von der Verbrechervernunft" zeigt, ab. Das Gericht stellt fest, dass ein freiwilliger Rücktritt vom Versuch der Notzucht nicht vorliege, wenn der Täter sein Vorhaben nur deshalb aufgebe, weil ihm das Opfer, um ihn zu täuschen, den späteren freiwilligen Vollzug des Geschlechtsverkehrs in Aussicht stelle. Es nimmt an, eine Freiwilligkeit sei in diesem Fall deshalb abzulehnen, da „[die] nach seiner Vorstellung sichere Aussicht, [...später] ohne Gewalt zur geschlechtlichen Befriedigung zu kommen, [den Täter] an der Ausführung der Tat insofern gehindert [habe], als er bei dieser Sachlage die mit einem – nunmehr unnötigen – gewaltsamen Vorgehen verbundene, naheliegende Gefahr, bei einer Anzeige [...] schwer bestraft zu werden, vernünftigerweise nicht auf sich nehmen konnte [...]."[239]
Abgesehen davon, dass das Reichsgericht hier die Beweggründe der Aussicht auf den gewaltfreien Geschlechtsverkehr und der - bis dahin im Urteil

---

[232] RGSt 37, 402, 404
[233] RGSt 37, 402, 404
[234] RGSt 47, 74, 76: Eine Freiwilligkeit ist nur dann auszuschließen, wenn die Furcht vor der Entdeckung dem Täter die Vollendung objektiv unmöglich macht.
[235] RGSt 47, 74, 77: Die bloße Furcht vor Strafe führt nicht prinzipiell zu der Unfreiwilligkeit des Rücktritts.
[236] RGSt 47, 74, 79f.: Scham und Scheu sind keine die Willensbildung des Täters hindernde äußere Umstände.
[237] RGSt 68, 238-240: In dieser Entscheidung geht das Reichsgericht in geradezu untypisch täterunfreundlicher Weise davon aus, der vom Täter empfundene Schrecken sei so heftig gewesen, dass er als psychische Zwangslage einzuordnen sei und daher einen freiwilligen Rücktritt unmöglich mache.
[238] RGSt 75, 393-396
[239] RGSt 75, 393, 395

unerwähnten - Angst des Täters vor Anzeige und Bestrafung zu einem Einzelmotiv vermischt, widerspricht diese Argumentation den bisher durch das Gericht aufgestellten Maßstäben, nach denen sich die Freiwilligkeit des Rücktritts richtet: objektive äußere Umstände, die einen freiwilligen Rücktritt ausschlössen, sind nicht gegeben. Dass die Aussicht auf einen späteren gewaltfreien Vollzug des Geschlechtsverkehrs den Täter in eine psychische Zwangslage bringt, die ihm die Durchführung der Tat unmöglich macht, ist stark zu bezweifeln; und das führt das Gericht auch nicht an. Es konstruiert vielmehr eine psychische Zwangslage des Täters aus dessen Angst vor Anzeige und Bestrafung, ohne dabei jedoch zu erklären, warum ausgerechnet die Aussicht auf den Geschlechtsverkehr ohne Gewalt in dem Täter diese heftige, die freie Willensbildung hindernde Angst ausgelöst haben sollte. Ohne Erklärung bleibt auch, warum ein vom Täter als vernünftig empfundenes Rücktrittsverhalten die Freiwilligkeit ausschließen müsste.

Nach seinen bis dorthin aufgestellten Maßstäben hätte das Reichsgericht in diesem Fall zu einer Straflosigkeit wegen freiwilligen Rücktritts vom Versuch der Notzucht kommen müssen.

Das tut dann auch der Bundesgerichtshof in seinem Urteil vom 14. April 1955,[240] und zwar mit der Begründung, die Aussicht auf die „freiwillige Hingabe [des Opfers, die dem Täter] wie eine reife Frucht in den Schoß [falle]“[241] stelle per se keinen zwingenden Grund für die Tataufgabe dar.[242]

In derselben Entscheidung stellt der Bundesgerichtshof in Fortführung der vom Reichsgericht angewendeten psychologisierenden Betrachtungsweise folgende Maßstäbe für die Freiwilligkeit des Rücktritts auf: der Rücktritt ist strafbefreiend, wenn der Täter an der weiteren Tatausführung nicht durch von seinem Willen unabhängige Umstände gehindert ist;[243] es darf also keine äußere Zwangslage gegeben sein. Der Anstoß zum Rücktritt kann auch von außen kommen - entscheidend ist, ob der Täter noch Herr über seine Entscheidungen ist und die Ausführung der Tat noch für möglich hält.[244] Auch eine innere Zwangslage verbietet demnach einen freiwilligen Rücktritt, während prinzipiell der Rücktritt nicht allein aufgrund autonomer Motive erfolgen muss. Nicht erforderlich für die Freiwilligkeit ist, dass der Beweggrund zum Rücktritt ethisch und moralisch billigenswert oder sogar hochwertig ist.[245] Maßstab für die Beurteilung der Freiwilligkeit ist die subjektive Vorstellung des Täters, wobei äußere Gegebenheiten insofern eine Rolle spielen, als sie Rückschlüsse auf die innere Einstellung des Täters zulassen.[246]

An diesen Feststellungen zur Definition der Freiwilligkeit hat sich bislang in der Rechtsprechung des Bundesgerichtshofs trotz der recht vehementen Kritik an

---

240 BGHSt 7, 296-300

241 BGHSt 7, 296, 299

242 BGHSt 7, 296, 299f.

243 BGHSt 7, 296, 299

244 BGHSt 7, 296, 299

245 BGHSt 7, 296, 299; im Ergebnis nach Ansicht der Verfasserin noch anders BGHSt 4, 56, 59

246 BGH, Urteil vom 23. Oktober 1991, 3 StR 321/91; Beschluss vom 24. Juni 1992, 3 StR 187/92; Beschluss vom 22. Dezember 1993, 2 StR 664/93; Beschluss vom 25. Januar 1995, 2 StR 591/94

der psychologisierenden Interpretation des Freiwilligkeitsbegriffs nichts Wesentliches geändert.[247]

3. Kurzfassung der Rechtsprechungslinie

Freiwillig ist der Rücktritt nach Ansicht des Bundesgerichtshofs dann, wenn der Täter, der die Vollendung der Tat noch für möglich hält, es nicht zur Vollendung kommen lässt. Dabei muss der Täter Herr über seine eigene Entscheidung sein; ein durch innere oder äußere Umstände bedingter psychischer Zwang schließt die Freiwilligkeit aus. Nicht erforderlich ist, dass der Täter aus moralisch hochwertigen Motiven zurücktritt.

IV. Anforderungen an das Rücktrittsverhalten des Täters

In Anknüpfung an die Diskussion darum, wann der Rücktritt als freiwillig anzusehen ist, stellt sich die Frage, wie das vom Täter zu fordernde Rücktrittsverhalten ausgestaltet sein muss; mit anderen Worten: was muss der Täter zur Rettung des durch sein Tatverhalten gefährdeten Rechtsguts tun, damit ihm das Privileg der Straffreiheit gewährt werden kann?
Zu sehr unterschiedlichen Antworten auf diese Frage kommt es insbesondere in den Fällen, in denen ein aktives Verhinderungsverhalten des Täters kausal ist für das Ausbleiben des Taterfolgs, in denen also der Rücktritt nach § 24 I S. 1 2. Alt. zu beurteilen ist.

1. Die Optimalitätslösung[248]

Einer Ansicht zu Folge kann ein Rücktritt nur dann strafbefreiende Wirkung haben, wenn der Täter die beste der möglichen Handlungen zur Verhinderung des Taterfolgs gewählt hat, und er selbst davon ausgeht, den Taterfolg abgewendet zu haben.[249]
Ihre Vertreter argumentieren damit, das Gesetz könne sich, wenn es die vollständige Straffreiheit anbiete, nicht damit begnügen, dass der Täter, dem dieser „Preis“ winke, nicht die äußerste der ihm möglichen Rettungsanstrengungen vornehme.[250] Außerdem müsse der Täter den Erfolgseintritt „verhindern“ und nicht nur „verursachen“;[251] das aber heiße, dass der Täter die Gefahr der Tatbestandsverwirklichung restlos beseitigen müsse, und zwar

---

[247] siehe zum Beispiel BGHSt 9, 48, 49f. („Lilo-Fall“); 21, 216f.; 24, 48, 49; BGH, Beschluss vom 26. November 1990, 5 StR 480/90; Urteil vom 23. Oktober 1991, 3 StR 321/91; Beschluss vom 24. Juni 1991, 3 StR 187/92; Beschluss vom 8. Januar 1992, 2 StR 577/91; Urteil vom 23. Juli 1992, 4 StR 209/92; Beschluss vom 12. August 1992, 2 StR 252/92; Beschluss vom 22. Dezember 1993, 2 StR 664/93; Beschluss vom 7. November 2000, 4 StR 456/00; Beschluss vom 2. Februar 2002, 4 StR 59/03; Beschluss vom 11. März 2003, 4 StR 88/03; zur Anwendung der für den Rücktritt vom Versuch entwickelten Grundsätze auf die Freiwilligkeit im Rahmen den tätigen Reue siehe BGH, Beschluss vom 21. November 2002, 3 StR 296/02

[248] so tituliert von *Engländer*, JuS 2003, 641, 643; nach *Bloy* und *Murmann* auch die „erfolgsbezogene Betrachtungsweise“ (*Bloy*, JuS 1987, 528, 530; *Murmann* 1999, S. 61)

[249] *Angerer* 2004, S. 98

[250] *Herzberg*, NJW 1989, 862, 867

[251] *Herzberg*, NJW 1989, 862, 867

durch eine ihm zurechenbare Handlung.[252] Wenn man davon ausgehe, dass der Strafgrund des Versuchs in der Möglichkeit der Vollendungsgefahr liege, dann sei der strafbefreiende Rücktritt als „actus contrarius" zum strafbewehrten Versuch nur dann möglich, wenn der Täter diese Vollendungsgefahr tatsächlich und nicht nur nach seiner Vorstellung beseitige.[253] Verlasse er sich auf eine sub-optimale Rettungsbemühung, verbleibe ein Restrisiko, das eine Straffreiheit ausschließe.[254]

Gegen die Forderung, der Täter müsse ein optimales Rettungsverhalten an den Tag legen, lassen sich mehrere Argumente vorbringen.

Zwiehoff geht zutreffend davon aus, dass regelmäßig die Furcht des Täters davor, entdeckt zu werden, die Durchführung optimaler Rettungsmaßnahmen durch den Täter hindern wird:[255] so wird zum Beispiel ein Täter eher nicht auf die Idee kommen, ein schwer verletztes Opfer auf dem schnellsten Wege persönlich in ein Krankenhaus zu bringen, wenn er befürchten muss, dort als Verursacher der Verletzungen erkannt zu werden. Verwehrt man einem solchen Täter aber die Möglichkeit des Rücktritts und der damit einhergehenden Strafbefreiung, indem man weniger schnelle und effektive Rettungsmaßnahmen als nicht ausreichend qualifiziert, besteht die Gefahr, dass er sämtliche möglichen Rettungshandlungen unterlässt. Das aber kann im Hinblick auf den Opferschutz nicht gewünschtes Ziel der Regelung des § 24 I S. 1 2. Alt. sein.[256]

Folgt man bei der Diskussion um die ratio legis des § 24 den strafzweckorientierten Theorien, lässt sich gegen die Optimalitätslösung zusätzlich einwenden, dass sie vom Täter einen unnötigen Rücktrittsaufwand verlangt; seinen Willen zur Rückkehr in die Legalität nämlich demonstriert der Täter schon allein dadurch, dass er zur Rettung geeignete Maßnahmen trifft.[257] Außerdem ist es mit Blick auf präventive Gesichtspunkte nicht so, dass der Täter nach dem Motto „Ende gut, alles gut" ungeschoren davon kommt, sondern es bleibt vielmehr in den meisten Fällen eine Strafbarkeit wegen mitverwirklichter vollendeter Delikte bestehen.[258]

Das bestechendste Argument dagegen, die Messlatte für das Rücktrittsverhalten des Täters auf das Optimum zu legen, liegt allerdings im Wortlaut des § 24 I S. 1 2. Alt.: anders als in § 24 I S. 2 wird hier kein „ernsthaftes Bemühen" um die Erfolgsverhinderung verlangt, sondern lediglich, dass der Taterfolg tatsächlich nicht eintritt.

Entgegen der Auffassung *Herzberg*s beinhaltet dieser Ausdruck - gerade im Unterschied zu der Formulierung in § 24 I S. 2 - keinen Anspruch an die Qualität des Rettungsverhaltens, sondern lediglich an dessen Effektivität, und

---

[252] *Bloy*, JuS 1987, 528, 533
[253] *Heckler* 2002, S. 170
[254] *Jakobs*, JZ 2003, 743; *Heckler* 2002, S. 168; *Murmann* 1999, S. 64
[255] *Zwiehoff*, StV 2003, 631, 635
[256] *Puppe*, NStZ 1984, 488, 490; im Hinblick auf die optimale Versorgung des Opfers durch Dritte so auch *Rau* 2002, S. 101
[257] *Rudolphi*, NJW 1989, 508, 512
[258] *Zwiehoff*, StV 2003, 631, 635

diese ist gewährleistet, wenn das Rettungsverhalten kausal dafür ist, dass der Tatbestandserfolg nicht eintritt.

2. Die ergebnisorientierte Lösung

Aus den genannten Gründen ist daher der Gegenansicht zur Optimalitätslösung zu folgen, der „ergebnisorientierten Lösung“,[259] die in objektiver Hinsicht schlicht verlangt, dass das Rettungsverhalten des Täters zumindest mitursächlich für das Ausbleiben des Erfolgseintritts ist,[260] und auf der subjektiven Seite voraussetzt, dass der Täter seinen Vollendungsvorsatz endgültig aufgegeben hat.[261]

Im Sinne der ergebnisorientierten Lösung hat sich der Bundesgerichtshof in seiner jüngsten Rechtsprechung[262] dazu entschlossen, an den zurücktretenden Täter nicht die Anforderung zu stellen, er müsse die sicherste oder optimale Möglichkeit der Erfolgsverhinderung wählen.

Zwar erklärt der 1. Strafsenat in seinem Urteil vom 27. April 1982[263] noch, der Täter dürfe sich, um die Voraussetzungen für einen strafbefreienden Rücktritt zu erfüllen, „nicht mit Maßnahmen begnügen, die, wie er erkennt, (möglicherweise) unzureichend sind, wenn ihm bessere Verhinderungsmöglichkeiten zur Verfügung stehen, [und er müsse] solche Verhinderungsmöglichkeiten [...] ausschöpfen“; er dürfe also „dem Zufall keinen Raum bieten, wo er ihn vermeiden kann.“[264] Diese Formulierung sei jedoch, so der 1. Strafsenat in seinem Beschluss vom 26. September 2002,[265] nicht dahingehend zu verstehen, dass die Rechtsprechung vom Versuchstäter für einen Rücktritt optimale Rettungshandlungen fordere,[266] sondern sie verlange lediglich, dass der Täter die „von ihm gewählte, objektiv und aus seiner Sicht geeignete Verhinderungsmöglichkeit“ ausschöpfe.[267] Eine weitergehende Auslegung der vom Bundesgerichtshof festgelegten Anforderungen beruhe auf einer „nicht zutreffenden Interpretation“ der Entscheidung des 1. Strafsenats.[268]

3. Kurzfassung der Rechtsprechungslinie

Der Bundesgerichtshof legt damit folgende Voraussetzungen im Hinblick auf

---

[259] so *Engländer*, JuS 2003, 641, 643; *Bloy* und *Murmann* verwenden den Ausdruck „verhaltensbezogene Betrachtungsweise“ (*Bloy*, JuS 1987, 528, 530; *Murmann* 1999, S. 62)

[260] zu weiteren Theorien zu den Anforderungen an das Rücktrittsverhalten siehe ausführlich *Boß* 2002, S. 60ff.; komprimiert *Engländer*, JuS 2003, 641, 644f. und *Zwiehoff*, StV 2003, 631, 632f.

[261] *Engländer*, JuS 2003, 641, 644

[262] Als „leading case“ ist hier der so genannte „Gashahn-Fall“ zu betrachten (BGH, Beschluss vom 20. Dezember 2002, 2 StR 251/02; Beschluss vom 26. September 2002, 1 ARs 36/02; Beschluss vom 20. Dezember 2002, 2 StR 251/02). Zur Entwicklung der Rechtsprechung des BGH das Rücktrittsverhalten betreffend ausführlich *Boß* 2002, S. 46ff.

[263] BGHSt 31, 46-50; so genannter „Krankenhaus-Fall“

[264] BGHSt 31, 46, 49

[265] BGH, Beschluss vom 26. September 2002, 1 ARs 36/02

[266] BGH, Beschluss vom 26. September 2002, 1 ARs 36/02, S.2

[267] BGH, Beschluss vom 26. September 2002, 1 ARs 36/02, S.3

[268] BGH, Beschluss vom 26. September 2002, 1 ARs 36/02, S.2; dem Vorliegen eines „Missverständnisses“ gegenüber zu Recht skeptisch *Rotsch/Sahan*, JZ 2005, 205, 206

das Rücktrittsverhalten des Versuchstäters fest: die Handlungen des Täters, die dieser zum Schutz des durch seine vorhergehenden Versuchshandlungen in Gefahr gebrachten Rechtsguts vornimmt, müssen erfolgreich und für die Verhinderung des Erfolgseintritts kausal sein; das heißt, der Täter muss durch sein Rücktrittsverhalten eine neue Kausalkette in Gang setzen, die für die Nichtvollendung der Tat zumindest mitursächlich wird.[269] Sind diese Bedingungen erfüllt, so kommt es für die Beurteilung des Rücktritts nicht darauf an, ob dem Täter schnellere oder sicherere Möglichkeiten der Erfolgsabwendung zur Verfügung standen.[270] Eine Übertragung der Voraussetzung des „ernsthaften Bemühens" aus § 24 I S. 2 auf Fälle, in denen der Täter die den Taterfolg aktiv verhindert, findet also nicht statt; im Falle der Ursächlichkeit der Rettungsbemühungen des Täters für den Nichteintritt des Taterfolgs spielt es keine Rolle, „[ob] der Täter zur Rettung mehr als geschehen hätte tun können"[271] - ein „Unterschied zwischen optimaler und bloßer Zweckerreichung [kann] nicht gemacht werden."[272] Von Belang ist für die Rücktrittsmöglichkeit allein die Kausalität des Rücktrittsverhaltens für den Nichteintritt des Taterfolgs; ob neben den Handlungen des Täters noch andere, vom Täterwillen unabhängige Umstände zur Verhinderung der Tat beigetragen haben,[273] ob der Täter zunächst nicht rettungswillig war[274] oder sogar Dritte von der Rettung abgehalten hat,[275] ist nicht von Bedeutung.

Allerdings fordert der Bundesgerichtshof im Hinblick auf die subjektive Seite des Rücktritts, dass der Täter seinen Vollendungsvorsatz vollständig aufgibt, wenn er zurücktritt.[276]

Weiterhin gilt, dass der Täter sich dann nicht mit unzureichenden Rettungsmaßnahmen begnügen darf, wenn er nicht nur deren Unzulänglichkeit erkennt, sondern auch, dass ihm erfolgversprechendere Maßnahmen offen stehen; zusätzlich muss er die von ihm gewählte Rettungsmöglichkeit voll ausschöpfen.[277]

Für die Fälle der Erfolgsverhinderung durch Dritte entscheidet die Rechtsprechung wie folgt: der Täter darf sich der Hilfe Dritter bedienen,[278] wenn er dies nicht nur zum Schein tut und das in Gefahr befindliche Rechtsgut wirklich schützen will.[279]

---

[269] BGHSt 33, 295, 301

[270] BGH, Beschluss vom 12. November 1998, 4 StR 575/98 (= BGH StV 1999, 211f.); Beschluss vom 20. Dezember 2002, 2 StR 251/02, S.6

[271] BGH, Beschluss vom 20. Dezember 2002, 2 StR 251/02, S.7

[272] BGH, Beschluss vom 26. November 1990, 5 StR 480/90

[273] siehe dazu BGH, Urteil vom 7. November 1984, 2 StR 521/84

[274] BGH, Beschluss vom 24. Juni 1993, 5 StR 366/93

[275] BGH, Beschluss vom 8. September 1993, 5 StR 536/93; Beschluss vom 9. Dezember 1998, 5 StR 584/98

[276] BGH, Beschluss vom 20. Dezember 2002, 2 StR 251/02, S.9

[277] BGH, Beschluss vom 20. Dezember 2002, 2 StR 251/02, S.6f.; der Entscheidung in BGHSt 31, 46-50 folgend

[278] siehe dazu beispielsweise BGH, Beschluss vom 8. September 1993, 5 StR 536/93; Beschluss vom 3. Dezember 1996, 1 StR 677/96

[279] BGH, Beschluss vom 20. Dezember 2002, 2 StR 251/02, S.6; siehe zur Mitwirkung Dritter bei der Vollendungsverhinderung auch *Bloy*, JuS 1987, 528, 530 und 534f.

D. Zusammenfassung der Standpunkte des Bundesgerichtshofs in Rücktrittsfragen

Der aktuelle Stand der Rechtsprechung zum Rücktritt vom Versuch stellt sich wie folgt dar: in der Diskussion um die ratio legis des § 24 vertritt der Bundesgerichtshof die strafzweckorientierten Theorien. Seine Begründung für das dem zurücktretenden Täter gewährte Privileg der Straffreiheit liegt zum einen darin, dass derjenige Täter, der zurückgetreten ist, einen geringeren verbrecherischen Willen und eine geringere Gefährlichkeit demonstriert als es der Täter tut, der eine Straftat vollendet. Zum anderen geht der Bundesgerichtshof davon aus, nach erfolgtem Rücktritt sei eine Bestrafung des Täters weder erforderlich, um generalpräventiv abzuschrecken, noch um die verletzte Rechtsordnung wiederherzustellen. Als drittes Argument für die Straflosigkeit des Rücktritts führt die Rechtsprechung an, auch aus Gründen des Opferschutzes könne es erstrebenswert sein, dem Täter die Möglichkeit der Straffreiheit über den Rücktritt offen zu lassen.

Den fehlgeschlagenen Versuch erkennt der Bundesgerichtshof als eigenständige Rechtsfigur an und schließt einen Rücktritt nach Fehlschlag kategorisch aus. Als fehlgeschlagen gilt der Versuch dann, wenn der Täter die geplante Tat mit den ihm zur Verfügung stehenden Mitteln nicht mehr ohne eine deutliche zeitliche oder räumliche Zäsur vollenden kann, und dies auch subjektiv erkennt. Für die erforderliche Kenntnis stellt die Rechtsprechung bei mehraktigen Geschehen auf den Zeitpunkt nach Ausführung des letzten Teilakts ab; sie vertritt also die Gesamtbetrachtungslehre anstelle der Einzelaktstheorie und begründet das mit dem Argument, die Einzelaktstheorie reiße einheitliche Lebensvorgänge willkürlich auseinander.

Bei der Abgrenzung zwischen beendetem und unbeendetem Versuch entscheidet der Bundesgerichtshof anhand der subjektiven Vorstellung des Täters: beendet ist der Versuch demnach, wenn der Täter davon ausgeht, alles zur Vollendung der Tat Erforderliche getan zu haben, unbeendet, wenn er meint, noch nicht sämtliche Handlungen, die für den Erfolgseintritt notwendig sind, ausgeführt zu haben. Dabei kommt es für die Vorstellung des Täters von der Tat anders als bei der vom Reichsgericht vertretenen Tatplantheorie nicht ausschließlich auf das Bild an, das sich der Täter vor Tatbeginn vom Geschehensablauf gemacht hat, sondern auf den Rücktrittshorizont des Täters, also auf seine Vorstellung von der Tat im Verlauf des konkreten Tatgeschehens. Für die Lehre vom Rücktrittshorizont führt der Bundesgerichtshof an, der Täter könne erst nach der Tatausführung beurteilen, ob im Rahmen seiner Vorstellung der Erfolg eingetreten sei oder nicht, daher sei das Abstellen auf einen früheren Zeitpunkt im Tatgeschehen nicht geboten.

Wie schon beim fehlgeschlagenen Versuch richtet sich die Beurteilung der Beendigung des Versuchs bei mehraktigen Tatverläufen nach dem Zeitpunkt der Vornahme der letzten Ausführungshandlung; auch hier vertritt die Rechtsprechung die Gesamtbetrachtungslehre.

Das Erfordernis der Freiwilligkeit ist nach der psychologisierenden Interpretation des Freiwilligkeitsbegriffs durch den Bundesgerichtshof erfüllt, wenn der Täter, der weder durch eine äußere noch durch eine innere

Zwangslage daran gehindert ist, Herr über seine Entscheidungen zu sein, die Tat nicht vollendet, obwohl ihm bewusst ist, dass die Möglichkeit der Vollendung noch besteht. Ein Anstoß von außen schließt den Rücktritt nicht prinzipiell aus; es ist also nicht erforderlich, dass der Täter aus rein autonomen Beweggründen zum Rücktrittsentschluss kommt. Ebenso wenig ist erforderlich, dass die Motive des Täters für den Rücktritt moralisch billigenswert oder gar hochwertig sind. Eine normative Interpretation des Freiwilligkeitsbegriffs verstößt nach Ansicht der Rechtsprechung gegen den Wortlaut des § 24.

Die Rechtsprechung verlangt für einen strafbefreienden Rücktritt auch nicht, dass der Täter, für den die Rücktrittsvoraussetzung des § 24 I S. 1 2. Alt. gilt, und der somit die Vollendung aktiv verhindern muss, die sicherste und beste Möglichkeit zur Erfolgsverhinderung wählt. Ausreichend für den Rücktritt ist, dass das Rettungsverhalten des Täters zumindest mitursächlich für das Ausbleiben der Tatvollendung ist. Auch in dieser Frage beruft sich der Bundesgerichtshof auf den Gesetzestext und argumentiert, § 24 I S. 1 sehe im Gegensatz zu § 24 I S. 2 kein „ernsthaftes Bemühen" um die Vollendungsverhinderung, sondern lediglich eine Kausalität zwischen Rettungsverhalten und Ausbleiben des Taterfolgs vor. Allerdings darf sich der Täter nicht mit Rettungsmaßnahmen begnügen, deren mangelnde Erfolgsaussichten ihm bekannt sind, wenn er weiß, dass ihm effektivere Möglichkeiten offen stehen.

In subjektiver Hinsicht ist nach Auffassung des Bundesgerichtshofs Voraussetzung für den Rücktritt, dass der Täter seinen Vollendungswillen gänzlich und endgültig aufgegeben hat.

Zweites Kapitel: Die Täterfreundlichkeit des Bundesgerichtshofs in Rücktrittsfragen - Die bisherige Kasuistik bei Tötungsdelikten

A. Der Bundesgerichtshof als Täterfreund?

Betrachtet man die im Ersten Kapitel dargestellte Rechtsprechung des Bundesgerichtshofs zu den einzelnen Rücktrittsfragen, so drängt sich der Eindruck auf, die Rechtsprechung habe sich regelmäßig für den rücktrittsfreundlichen Weg und damit „im Zweifel für den Täter" entschieden.

Tipold stellt dazu knapp fest, „[die] Judikatur in Österreich [könne] nicht als tendenziell rücktritts- und täterfreundlich angesehen werden – ganz im Gegenteil zu der [derzeitigen] Judikatur des BGH".[280] Während *Kühl* im Hinblick auf die Abgrenzung des unbeendeten vom beendeten Versuch vorsichtig konstatiert, „[die] Gesamtbetrachtungslehre und die Umstellung von der Planperspektive[281] zum Rücktrittshorizont [führten] damit zu einer rücktrittsfreundlichen Auslegung des § 24 [...] – für viele, insbesondere die Vertreter der Einzelaktstheorie, zu einer zu rücktrittsfreundlichen Auslegung",[282] sagt *Schlüchter*, bei der Rechtsprechungslinie des Bundesgerichtshofs zum unbeendeten Versuch „handel[e] es sich nicht mehr um Auslegung, sondern um Analogie [, die sich zwar] zugunsten des Täters [auswirke] und deshalb Art. 103 Abs. 2 GG nicht [entgegenstehe]. Gleichwohl [werde] das Institut des Rücktritts unangemessen ausgeweitet."[283]

Ulsenheimer trifft im Hinblick auf die höchstrichterliche Rechtsprechung zum Rücktritt vom Versuch bis zum Jahr 1975 folgende Feststellungen: erstens ist die Zahl der von Reichsgericht und Bundesgerichtshof getroffenen Rücktrittsentscheidungen stetig angestiegen.[284] Zweitens hat sich der thematische Schwerpunkt immer stärker auf Tötungs- und Gewaltdelikte verlagert.[285] Und drittens sind die Erfolgsaussichten der Revisionen von Angeklagten, in deren Fällen das erstinstanzliche Urteil einen strafbefreienden Rücktritt verneint hatte, im Laufe der Jahre deutlich gestiegen.[286] Im Ergebnis hält *Ulsenheimer* fest: „Die höchstrichterliche Rechtsprechung im Bereich des Rücktritts ist tendenziell immer >rücktritts-<, d. h. >täterfreundlicher< geworden."[287]

Ob die eingangs aufgestellte These, der Bundesgerichtshof sei beim Rücktritt ein Täterfreund, auch für die neuere Rechtsprechung des Bundesgerichtshofs haltbar ist, lässt sich nur nach einem genaueren Blick auf die relevanten Entscheidungen der Strafsenate beurteilen. Im folgenden Teil werden deshalb

---

[280] *Tipold* 2002, S. 11, Fn. 5; LK(11.)-*Lilie/Albrecht* spricht von einem „Prinzip der rücktrittsfreundlichen Rechtsprechung" (LK(11.)-*Lilie/Albrecht*, § 24, Rn. 123)

[281] die in der vorliegenden Arbeit als „Tatplantheorie" bezeichnet wird

[282] *Kühl*, AT, § 16, Rn. 33

[283] *Schlüchter*, FS-Baumann, 71, 87

[284] *Ulsenheimer* 1976, S. 15

[285] *Ulsenheimer* 1976, S. 15ff.

[286] *Ulsenheimer* 1976, S. 18f.

[287] *Ulsenheimer* 1976, S. 20

die wichtigsten Urteile und Beschlüsse des Bundesgerichtshofs zum Rücktritt ausführlicher dargestellt[288] und im Hinblick darauf, ob sie sich als rücktritts- und täterfreundlich erweisen, ausgewertet. Dabei ist die Auswahl der dargestellten Fälle auf solche des möglichen Rücktritts von versuchten Tötungsdelikte beschränkt. Dies ist zum einen darauf zurückzuführen, dass es eine immense Fülle von Rücktrittsentscheidungen gibt, die nicht in ihrer Gesamtheit untersucht werden konnten, und dass ein beträchtlicher Teil dieser Entscheidungsfülle ohnehin den Rücktritt von einer versuchten Tötung zum Inhalt hat. Zum anderen ist die täterfreundliche Tendenz der höchstrichterlichen Rechtsprechung gerade bei versuchten Kapitaldelikten konträr zum allgemeinen kriminalpolitischen Klima und der straffreudigen Einstellung der Legislative, so dass eine genaue Betrachtung dieser Fälle besonders lohnenswert erscheint.[289]

B. Die bisherige Kasuistik des Bundesgerichtshofs beim Rücktritt von versuchten Tötungsdelikten

I. Fehlgeschlagener Versuch – Gesamtbetrachtungslehre und Einzelaktstheorie

Ob beim fehlgeschlagenen Versuch die Einzelaktstheorie oder die Gesamtbetrachtungslehre vertreten wird, hat Auswirkungen auf die Möglichkeit des Rücktritts von mehraktigen Versuchshandlungen. Folgt man der Einzelaktstheorie, ist das Tatgeschehen nach dem Scheitern eines einzelnen Teilakts fehlgeschlagen, so dass für diesen Teil des Tatablaufs ein Rücktritt nicht mehr in Betracht kommt. Die Gesamtbetrachtungslehre hingegen stellt für die Beurteilung des Fehlschlags auf den Zeitpunkt nach Ausführung der letzten Teilhandlung ab und lässt so mehr Raum für die Rücktrittsoption, da ein fehlgeschlagener Versuch, von dem der Rücktritt ausgeschlossen ist, erst zu einem späteren Zeitpunkt im mehraktigen Tatgeschehen in Betracht kommt.

1. BGHSt 34, 53-58

Der Angeklagte war, um D. zu töten, mit seinem Auto direkt und gezielt auf D. zugefahren; D. hatte sich mit einem Sprung zur Seite retten können, so dass er lediglich von dem Fahrzeug des Angeklagten gestreift worden war. Der Angeklagte erkannte daraufhin, dass sein Plan, den D. zu überfahren, gescheitert war. In der Absicht, D. zumindest körperlich zu züchtigen, stürzte sich der Angeklagte von hinten auf D. und würgte ihn, bis D. schwarz vor

---

[288] Aus Gründen der Anschaulichkeit werden hierbei auch die der jeweiligen Entscheidung zugrundeliegenden Sachverhaltsfeststellungen geschildert.

[289] Im Rahmen des Tatbestandsmerkmals der Freiwilligkeit findet allerdings auch ein Fall Beachtung, in dem eine versuchte Vergewaltigung begangen wird und zwar deshalb, weil gerade dieser Fall zu heftigsten Diskussionen um die Frage, ob das Freiwilligkeitsverständnis der Rechtsprechung überhaupt haltbar sei, geführt hat (siehe dazu oben S. 46ff.).

Augen wurde; D. konnte sich jedoch aus dem Würgegriff des Angeklagten befreien.[290]
Das Landgericht Marburg nahm an, der Angeklagte sei zwar von dem Tötungsversuch durch das Würgen strafbefreiend zurückgetreten, prüfte dabei jedoch nicht, ob sich der Rücktritt auch auf den Tötungsversuch durch Überfahren erstreckte.[291] Das aber hätte das Landgericht nach Ansicht des 4. Strafsenats tun müssen; der Senat geht davon aus, die Annahme, der Angeklagte sei, als er D würgte, aufgrund eines neuen Entschlusses tätig geworden, sei bei dem vorliegenden Tatgeschehen nicht zwingend.[292] Es sei vielmehr durchaus möglich, dass der Angeklagte seinen einmal gefassten Tötungsvorsatz durch das Würgen des D fortgesetzt habe;[293] dann aber müsse sich der Rücktritt auch auf den Tötungsversuch durch Überfahren erstrecken.
In dieser Entscheidung stellt der Bundesgerichtshof fest, der Versuch sei dann noch nicht fehlgeschlagen, wenn der Einsatz eines bestimmten Mittels scheitere, der Täter jedoch ohne zeitliche Zäsur ein neues ihm zur Verfügung stehendes Tatmittel verwenden könne und dies auch erkenne.[294] In solchen Fällen liege im Einsatz des neuen Tatmittels lediglich die „Festigung des Tatentschlusses“[295] und nicht etwa ein neuer Tatplan, so dass die Annahme zweier vorliegender Taten den einheitlichen Lebensvorgang des Tatgeschehens willkürlich auseinander risse.[296]
Der Bundesgerichtshof entscheidet sich also gegen die Einzelaktstheorie[297] und für die Gesamtbetrachtungslehre.
Die Gesamtbetrachtungslehre ist für den Täter eindeutig vorteilhaft, da sie ihm den Rücktritt auch dann noch erlaubt, wenn eine von mehreren Teilhandlungen eines mehraktigen Tatgeschehens gescheitert ist, während die Einzelaktstheorie nach jeder gescheiterten Teilhandlung einen fehlgeschlagenen Versuch annimmt, von dem der Rücktritt ausgeschlossen ist.

2. BGH, Beschluss vom 11. Februar 2003, 4 StR 25/03

Der Angeklagte hatte zunächst mit einem Weihnachtsbaumständer in Richtung des Kopfes des Zeugen S. geschlagen, um diesen zu töten. S. konnte dem Schlag durch eine Drehung des Kopfes ausweichen; daraufhin fiel dem Angeklagten der Weihnachtsbaumständer aus der Hand. Er landete in einem engen Zwischenraum zwischen Bett und Heizkörper, von wo aus der Angeklagte ihn nur noch mit großem Aufwand hätte wiedererlangen können.

---

[290] Sachverhalt nach den Feststellungen aus dem Urteil des LG Marburg; zitiert in: BGHSt 34, 53, 54
[291] Urteil des LG Marburg; zitiert in: BGHSt 34, 53, 55
[292] BGHSt 34, 53, 55
[293] BGHSt 34, 53, 55
[294] BGHSt 34, 53, 57
[295] BGHSt 34, 53, 57
[296] BGHSt 34, 53, 57
[297] vertreten beispielsweise von *Roxin*, FS-Heinitz, 251, 267ff.; *Küper*, NJW 1986, 2466, 2468ff.

Der Angeklagte griff den S. dann mit Faustschlägen an und schlug schließlich mit einer Vase auf ihn ein.[298]
Das Landgericht Stralsund lehnte einen Rücktritt mit der Begründung ab, der Versuch sei in dem Zeitpunkt, in dem der Weihnachtsbaumständer, mit dem der Angeklagte auf sein Opfer eingeschlagen hatte, diesem aus der Hand gefallen und zwischen Bett und Heizkörper gelandet war, fehlgeschlagen, da dem Angeklagten eine Vollendung der Tat allenfalls mit zeitlicher Verzögerung nach dem Ingangsetzen einer neuen Kausalkette möglich gewesen wäre; ein Rücktritt sei daher nicht mehr möglich gewesen.[299]
Der 4. Strafsenat hingegen entscheidet auch im Hinblick auf einen möglichen Fehlschlag nach dem Grundsatz „in dubio pro reo“[300] und stellt für den vorliegenden Fall fest, „[selbst] wenn der Angeklagte den Tannenbaumständer, den er bei dem Schlag aus der Hand verloren hatte, [nur noch mit großem Aufwand hätte wiedererlangen können], so [belege] dies noch nicht, dass ihm dies objektiv oder aus seiner Sicht unmöglich [gewesen sei]. Vielmehr hätte es dazu näherer Feststellungen zu den räumlichen Gegebenheiten [am Tatort] bedurft.“[301]
Nach dem Zweifelsgrundsatz müssen somit für die Bejahung eines den Rücktritt ausschließenden und also täterunfreundlichen Fehlschlags absolut eindeutige Feststellungen belegen, dass die Tatvollendung nicht nur objektiv unmöglich schien, sondern es für den Täter auch subjektiv war.
Da solche eindeutigen Feststellungen in einer Vielzahl von Fällen nicht mehr möglich sein werden, wenn zwischen Tatbegehung und Verhandlung ein längerer Zeitraum liegt, wird der täterfreundliche „in dubio pro reo“-Grundsatz nicht selten zur Anwendung kommen.

3. Die Rechtsprechungslinie des Bundesgerichtshofs zu Gesamtbetrachtungslehre und Einzelaktstheorie beim fehlgeschlagenen Versuch

Der Bundesgerichtshof legt bei der Frage des Fehlschlags mehraktiger Tatgeschehen die Gesamtbetrachtungslehre zugrunde und eröffnet so dem Täter die Möglichkeit, auch dann noch von einem noch nicht fehlgeschlagenen Versuch zurücktreten zu können, wen sich einzelne Teilhandlungen als gescheitert erwiesen haben.

II. Beendeter und unbeendeter Versuch

Die Abgrenzung zwischen unbeendetem und beendetem Versuch hat insofern einen Einfluss auf die dem Täter offenstehende Möglichkeit des strafbefreienden Rücktritts, als für die beiden Versuchsstadien unterschiedliche Anforderungen an das Rücktrittsverhalten des Täters gelten: ist der Versuch noch unbeendet, kann der Täter zurücktreten, indem er die

---

[298] Sachverhalt nach den Feststellungen aus dem Urteil des LG Stralsund vom 27. September 2002; zitiert in: BGH, Beschluss vom 11. Februar 2003, 4 StR 25/03, S. 3
[299] Urteil des LG Stralsund vom 27. September 2002; zitiert in: BGH, Beschluss vom 11. Februar 2003, 4 StR 25/03, S. 3f.
[300] BGH, Beschluss vom 11. Februar 2003, 4 StR 25/03, S. 3
[301] BGH, Beschluss vom 11. Februar 2003, 4 StR 25/03, S. 4

weitere Tatausführung aufgibt (§ 24 I S. 1 1. Alt.), ist der Versuch hingegen beendet, muss der Täter für einen Rücktritt die Vollendung aktiv verhindern (§ 24 I S. 1 2. Alt.).
Grundsätzlich gilt also: je länger der Versuch als unbeendet beurteilt werden kann, desto leichter ist es für den Täter, strafbefreiend zurückzutreten.

1. Tatplantheorie und Lehre vom Rücktrittshorizont

Der Tatplantheorie zufolge ist der Versuch dann beendet, wenn der Täter alle Handlungen, die von seinem ursprünglichen Tatplan umfasst waren, ausgeführt hat. Nach der Lehre vom Rücktrittshorizont dagegen kommt es für die Beendigung des Versuchs auf den Zeitpunkt der letzten konkreten Ausführungshandlung durch den Täter an: erst wenn der Täter in diesem Zeitpunkt meint, alles für den Erfolgseintritt Erforderliche getan zu haben, ist der Versuch beendet. Ein Abstellen auf den Rücktrittshorizont des Täters lässt also im konkreten Tatgeschehen länger Raum für einen unbeendeten Versuch.

a) BGHSt 31, 170-177

Der Angeklagte war in die Wohnung einer Nachbarin eingedrungen, um diese zu bestehlen. Als die Frau auf den Angeklagten aufmerksam wurde, entschloss er sich, sie zu töten, um sie als Zeugin auszuschalten und aus ihrer Wohnung entkommen zu können. Der Angeklagte stach zunächst mit direktem Tötungsvorsatz mit einem Messer auf die Nachbarin ein; da die Frau sich jedoch weiterhin gegen ihn wehrte, würgte der Angeklagte sie so lang, bis sie bewusstlos war. Dabei war dem Angeklagten nicht klar, ob die Frau tot oder jedenfalls so schwer verletzt wäre, dass sie - ohne den Angeklagten belasten zu können - sterben würde; er rechnete allerdings mit der Möglichkeit eines tödlichen Ausgangs und flüchtete, ohne sich um sein Opfer zu kümmern.[302]
Das Landgericht Aachen verneinte einen Rücktritt vom unbeendeten Versuch: da der Angeklagte zu Tatbeginn keinen fest umrissenen Tatplan gehabt habe, sei hier entscheidend, welche Vorstellungen sich der Angeklagte nach der letzten Ausführungshandlung gemacht habe.[303] Im Zeitpunkt der letzten Tathandlung habe der Angeklagte im vorliegenden Fall für möglich gehalten, seine Nachbarin tödlich verletzt zu haben, so dass von einem beendeten Versuch auszugehen sei[304] - und von diesem hätte der Angeklagte nur im Wege der aktiven Vollendungsverhinderung zurücktreten können.
Auch wenn der Bundesgerichtshof zunächst konstatiert, der Entscheidung des Landgericht Aachen - und der Anwendung der Tatplantheorie - sei „im Ergebnis zuzustimmen",[305] fühlt er sich doch bemüßigt, auf die bisherige Inkonsistenz der höchstrichterlichen Entscheidungen zur Abgrenzung zwischen beendetem und unbeendetem Versuch hinzuweisen: „Ob der Versuch einer Straftat beendet ist oder nicht, ist nach der Vorstellung des

---

302 Sachverhalt nach den Feststellungen aus dem Urteil des LG Aachen; zitiert in: BGHSt 31, 170, 171
303 Urteil des LG Aachen; zitiert in: BGHSt 31, 170, 171
304 Urteil des LG Aachen; zitiert in: BGHSt 31, 170, 171
305 BGHSt 31, 170, 171

Täters zu entscheiden. [...] Die Frage, auf welchen Zeitpunkt und welchen Inhalt der Vorstellung es dabei ankommt, wurde vom Bundesgerichtshof nicht immer einheitlich beantwortet."[306]
Der 2. Strafsenat listet dann eine Reihe von Entscheidungen des Bundesgerichthofs zur Frage nach dem Zeitpunkt der Beendigung des Versuchs auf: manchmal wird eindeutig auf den Plan des Täters im Zeitpunkt des Tatbeginns abgestellt;[307] manchmal darauf, ob der Täter, der keinen ursprünglichen Tatplan verfolgte, mit dem Erfolgseintritt rechnete;[308] manchmal darauf, ob der Täter es nach der Tatausführung für möglich hielt, sein Ziel erreicht zu haben.[309] Aus der Aufzählung ergibt sich eindeutig, dass eine klare Rechtsprechungslinie des Bundesgerichtshofs zur Beendigung des Versuchs nicht existiert, und dass die Entscheidungen von einer starken Einzelfallbezogenheit geprägt sind.[310]
Diesen Mangel an Rechtsklarheit versucht der Bundesgerichtshof mit der vorliegenden Entscheidung offensichtlich zu beheben. Der aus der Auflistung der einzelnen Entscheidungen gewonnenen Erkenntnis, „eine an der Vorstellung des Täters orientierte allgemeingültige, alle denkbaren Fallgestaltungen umfassende Abgrenzung des unbeendeten vom beendeten Versuch [sei] bisher nicht vorgenommen [worden]",[311] stellt der 2. Strafsenat seine eigene Auffassung zur Abgrenzung zwischen beendetem und unbeendetem Versuch gegenüber.

---

[306] BGHSt 31, 170, 171
[307] so beispielsweise BGH, Urteil vom 25. Mai 1965, 1 StR 79/65; zitiert in: BGHSt 31, 170, 171f.
[308] so beispielsweise BGH, Urteil vom 18. November 1969, 1 StR 473/69; zitiert in: BGHSt 31, 170, 172
[309] so beispielsweise BGH, vom 25. November 1981, 3 StR 361/81; zitiert in: BGHSt 31, 170, 172
[310] siehe dazu BGHSt 31, 170, 171ff.; von einer Konsequenz wie der, mit der das Reichsgericht die Tatplantheorie vertrat, kann beim Bundesgerichtshof nicht gesprochen werden. Zwar behauptet der Bundesgerichtshof in frühen Entscheidungen stets, an der Tatplantheorie festzuhalten, wendet sie aber dann auf den konkreten Sachverhalt doch nicht an.
Als Beispiel dafür sei der „Rohrzangen-Fall" (BGHSt 22, 176f.) genannt: Der Angeklagte hatte dem Opfer mit einer Rohrzange einmal heftig auf den Kopf geschlagen in der Annahme, dieser eine Schlag werde ausreichen, um das Opfer zu töten. Nach dem Schlag stellte der Angeklagte fest, dass sein Opfer lediglich benommen war, jedoch nicht in Lebensgefahr schwebte. Trotzdem sah er von weiteren Schlägen ab (Sachverhalt nach den Feststellungen aus dem Urteil des LG Berlin; zitiert in: BGHSt 22, 176).
Nach der Tatplantheorie war hier der Versuch beendet, da der Angeklagte die von seinem Tatplan umfasste Handlung ausgeführt hatte. Der 5. Strafsenat geht trotzdem von einem unbeendeten Versuch aus: „Bei der Abgrenzung von unbeendetem und beendetem Versuch ist zwar grundsätzlich von der Vorstellung auszugehen, die der Täter beim Beginn der Tatausführung über deren Ablauf hatte [...]. Das bedeutet aber nicht, dass im vorliegenden Fall der Mordversuch beendet war, weil der Angeklagte annahm, dass der [eine] Schlag [tödlich sein werde]. Wer [...] in einer solchen Weise auf einen anderen einschlägt, wie der Angeklagte es getan hat, macht sich in der Regel keine bestimmten Gedanken über die Zahl der Schläge, [...] vielmehr wird er bei seinem Tun von dem Willen beherrscht, auf das Opfer einzuschlagen, bis er das seinem Vorsatz entsprechende Ziel erreicht hat." (BGHSt 22, 176, 177)
[311] BGHSt 31, 170, 174

Er geht davon aus, der Versuch sei „in der Regel dann beendet [...], wenn der Täter nach der letzten Ausführungshandlung den Eintritt des tatbestandsmäßigen Erfolgs für möglich [halte]. In einem solchen Falle [komme] es nicht darauf an, ob [der Täter] einen Tatplan hatte oder nicht, was unter diesem Begriff auch immer zu verstehen [sei]."[312] Ob der Täter nach seiner Vorstellung die weitere Tatausführung aufgebe, könne nicht anhand der Tatsache beurteilt werden, ob er sich bei Tatbeginn „genaue, weniger genaue oder gar keine Gedanken darüber gemacht [habe], wie er den Erfolg herbeiführen werde."[313] Entscheidend sei vielmehr, ob der Täter das nach seiner Vorstellung Erforderliche zur Herbeiführung des Taterfolgs getan habe; ob das der Fall sei, könne jedoch nicht am Maßstab eines vor der Tat gefassten Plans beurteilt werden, sondern „naturgemäß erst nach der Tatausführung".[314] Es komme deshalb für die Abgrenzung zwischen beendetem und unbeendetem Versuch auf das an, was sich der Täter nach der letzten Ausführungshandlung vorstelle: gehe der Täter zu diesem Zeitpunkt davon aus, der Erfolgseintritt sei möglich, sei der Versuch beendet, anderenfalls unbeendet.[315]

Zwar könne es ein Indiz für einen unbeendeten Versuch sein, wenn der Täter noch nicht alle von seinem Tatplan umfassten Ausführungshandlungen vorgenommen habe,[316] für die Abgrenzung zwischen unbeendetem und beendetem Versuch komme es trotzdem primär auf die Vorstellung des Täters von der Tat nach der Tatausführung und nicht vor Tatbeginn an.[317]

Mit dieser Entscheidung versucht der 2. Strafsenat nicht nur, eine einheitliche Rechtsprechungslinie innerhalb der einzelnen Senate zu ziehen, sondern er wendet sich auch eindeutig von der Tatplantheorie ab und dem so genannten Rücktrittshorizont zu.[318] Zwar schwächt er diese Tendenz „weg von der alten Tatplantheorie" sofort wieder ab, indem er sagt, „die genannte Abgrenzung [könne] nicht für alle denkbaren außergewöhnlichen Fallgestaltungen [Gültigkeit haben]",[319] das ändert jedoch nichts daran, dass die den Geltungsbereich des unbeendeten Versuchs eng begrenzende Tatplantheorie hier zum ersten Mal vom Bundesgerichtshof deutlich in Frage gestellt wird.

b) BGHSt 33, 295-302 („Gebrauchtwagen-Fall")

Der Angeklagte hatte auf den Gebrauchtwagenhändler K. geschossen, um K. dafür zu bestrafen, dass dieser ihn, wie der Angeklagte meinte, um Geld betrügen wollte. Der Angeklagte hatte dazu einen Schuss aus einer Pistole auf die rechte Schläfe des K. abgegeben. Das Projektil durchschlug die linke Hand des K., die dieser, um sich zu schützen, vor das Gesicht gehalten hatte. Das

---

[312] BGHSt 31, 170, 175

[313] BGHSt 31, 170, 175

[314] BGHSt 31, 170, 176

[315] BGHSt 31, 170, 175

[316] BGHSt 31, 170, 176; hier wird also der Tatplan als mögliches Indiz zugunsten des Täters herangezogen

[317] BGHSt 31, 170, 176

[318] der allerdings in dieser Entscheidung noch nicht so betitelt wird

[319] BGHSt 31, 170, 177

Geschoss drang aber nicht in dessen Schädelhöhle ein, sondern trat oberhalb des rechten Augapfels ein und neben der Nasenwurzel wieder aus.
Der Angeklagte, der nur einen Schuss auf K. hatte abgeben wollen, stellte fest, dass er - entgegen seiner vorherigen Erwartung - K. mit diesem einen Schuss nicht getötet hatte. Er wusste, dass sich in der Pistole noch weitere Munition befand, schoss jedoch nicht erneut auf K., sondern verließ, nachdem er K. aufgefordert hatte, der Polizei gegenüber keine Angaben zu machen, dessen Büro. Zwei Angestellten des K. trug der Angeklagte dann auf, nach K. zu sehen. Danach fuhr der Angeklagte nach Hause.[320]
Das Landgericht Bochum lehnte einen strafbefreienden Rücktritt mit der Begründung ab, der Versuch sei hier beendet, da der Angeklagte von vornherein geplant habe, nur einen Schuss auf K. abzugeben; da der Angeklagte diesen Tatplan ausgeführt habe, sei nach dem einen Schuss von einer Beendigung des Versuchs auszugehen, so dass der Angeklagte nur durch eine aktive Vollendungsverhinderung hätte zurücktreten können.[321] Damit machte sich die Strafkammer die Tatplantheorie zu eigen und wendete sie auf den konkreten Sachverhalt konsequent an.
Der Bundesgerichtshof stimmt dem Landgericht Bochum insoweit zu, als auch er im Ergebnis einen beendeten Versuch annimmt und aus diesem Grund einen Rücktritt verneint.[322]
Allerdings widerspricht der 4. Strafsenat der Argumentation des Landgerichts, der Versuch sei deshalb beendet gewesen, weil der Angeklagte seinen vor der Tatausführung gefassten Tatplan durchgeführt habe.[323] Der Senat stellt fest, als Maßstab für die Abgrenzung zwischen beendetem und unbeendetem Versuch müsse nicht der Tatplan, sondern die Vorstellung des Täters nach der letzten Ausführungshandlung gelten: gehe der Täter zu diesem Zeitpunkt davon aus, der Erfolgseintritt sei möglich, sei der Versuch als beendet zu betrachten.[324] Damit folgt der 4. Strafsenat der in der Entscheidung BGHSt 31, 170-177 vom 2. Strafsenat vorgegebenen Linie hin zur Lehre vom Rücktrittshorizont.[325]
Der 4. Strafsenat geht allerdings noch weiter. Er dehnt den Anwendungsbereich des rücktrittsfreundlicheren unbeendeten Versuchs explizit auf Fälle aus, in denen der Täter seinen vor der Tat gefassten Tatplan vollständig umgesetzt hat, und stellt fest, „die in BGHSt 31, 170 niedergelegten Grundsätze [seien] auch auf Fälle wie den vorliegenden anzuwenden, [ein] beendete[r] Versuch [sei] also nicht schon anzunehmen, wenn der Täter die von vornherein geplante Handlung ausführt, sondern erst dann, wenn er nach der letzten Ausführungshandlung die tatsächlichen Umstände, die den Erfolgseintritt nahe legen, erkennt oder wenn er den Erfolgseintritt in Verkennung der

---

[320] Sachverhalt nach den Feststellungen aus dem Urteil des LG Bochum; zitiert in: BGHSt 33, 295f.
[321] Urteil des LG Bochum; zitiert in: BGHSt 33, 295, 297
[322] BGHSt 33, 295, 296
[323] BGHSt 33, 295, 297ff.
[324] BGHSt 33, 295, 297f.
[325] In dieser Entscheidung verwendet der BGH den Terminus „Rücktrittshorizont" zum ersten Mal (BGHSt 33, 295, 298).

tatsächlichen Umstände für möglich hält [...].“[326] Sei jedoch die Möglichkeit des Vollendungserfolgs dem Täter nicht bekannt oder nicht erkennbar, dann sei der Versuch als unbeendet zu bewerten, da in solchen Fällen das betroffene Rechtsgut aus Sicht des Täters nicht konkret gefährdet sei. Dementsprechend bestehe keine Veranlassung, von dem Täter eine aktive Vollendungsverhinderung zu verlangen, wie das beim beendeten Versuch eben Voraussetzung sei.[327]

Damit dehnt der Bundesgerichtshof den Geltungsbereich des unbeendeten Versuchs gemessen an der Definition des unbeendeten Versuchs durch die Tatplantheorie des Reichsgerichts unmissverständlich aus, vor allem in zeitlicher Hinsicht. Der Täter kann jetzt auch noch dann vom unbeendeten Versuch durch die bloße Tataufgabe zurücktreten, wenn er nach Ausführung sämtlicher Tathandlungen annimmt, der Taterfolg werde nicht eintreten, und zwar unabhängig davon, ob diese Tathandlungen weitergehend sind als die von seinem ursprünglichen Tatplan umfassten. Nach der Tatplantheorie wäre der Versuch automatisch mit der Ausführung des Tatplans beendet, so dass der Täter nur im Wege der aktiven Vollendungsverhinderung nach § 24 I S. 1 2. Alt. zurücktreten könnte - so, wie es hier das Landgericht Bochum vom Angeklagten verlangte.[328]

In dieser Entscheidung des 4. Strafsenats vollzieht sich die endgültige Abkehr des Bundesgerichtshofs von der Tatplantheorie. Die Rechtsprechung folgt jetzt unzweifelhaft der für den Täter wesentlich günstigeren Lehre vom Rücktrittshorizont.[329]

c) BGH, Urteil vom 4. April 1995, 1 StR 772/94

Die Angeklagten S. und Sch. hatten nachts an einer Straßenbaustelle den Kleinbus einer mit ihnen konkurrierenden Baufirma überfallen, in dem sich dessen Fahrer und zwei weitere Fahrgäste befanden. Bereits vorher waren die Angeklagten übereingekommen, nicht nur das im Bus befindliche Material der Konkurrenz zu beschädigen, sondern das Fahrzeug mit einer Maschinenpistole zu beschießen, um den drei Insassen Angst einzujagen.

---

[326] BGHSt 33, 295, 299

[327] BGHSt 33, 295, 299

[328] Dass der BGH im vorliegenden Fall ebenfalls einen beendeten Versuch annimmt, liegt darin begründet, dass der 4. Strafsenat davon ausgeht, der Angeklagte habe nach dem Schuss auf K. für möglich halten müssen, den K. tödlich getroffen zu haben, „[d]enn es [sei] auszuschließen, der Angeklagte könne nicht gewusst haben, dass ein aus kürzester Entfernung aus einer Pistole mit dem Kaliber 9 mm in den Kopf eines Menschen abgegebener Schuss nahezu ausnahmslos mit Lebensgefahr verbunden ist.“ (BGHSt 33, 295, 300)

[329] So hält beispielsweise der Große Senat für Strafsachen in seinem Beschluss vom 19. Mai 1993, GSSt 1/93, zu Tatplantheorie und Rücktrittshorizont fest: „Nach der neueren und inzwischen gefestigten Rechtsprechung der Strafsenate des Bundesgerichtshofs kommt es für die Abgrenzung des unbeendeten vom beendetem Versuch und damit für die Voraussetzungen strafbefreienden Rücktritts darauf an, ob der Täter nach der letzten von ihm konkret vorgenommenen Ausführungshandlung den Eintritt des tatbestandsmäßigen Erfolgs für möglich hält (sog. Rücktrittshorizont [...]). Auf einen – fest umrissenen oder nur in groben Zügen gefassten – Tatplan kommt es dabei entgegen der früheren Rechtsprechung nicht an.“ (BGHSt 39, 221, 227)

Als sich der Kleinbus der Baustelle näherte, gab der Angeklagte Sch., wie mit S. besprochen, mit der auf Dauerfeuer eingestellten Maschinenpistole zunächst einen und später einen weiteren Feuerstoß auf das Fahrzeug ab; dabei erkannte er, dass er den Bus durch die beiden Feuerstöße auf der gesamten Fahrzeuglänge durchsiebt hatte, und hielt es daher für möglich, dass die Fahrgäste tödlich getroffen sein könnten. Sch. begab sich dann zu seinem Wagen, um nach Hause zu fahren. Noch bevor er losgefahren war, hielt der von ihm beschossene Kleinbus an, und Sch. konnte feststellen, dass alle Insassen des Busses noch am Leben waren. Obwohl sich im Lauf der Maschinenpistole noch einige Patronen befanden, und Sch. ein weiteres Magazin bei sich führte, schoss er nicht erneut auf das Fahrzeug, sondern fuhr nach Hause.[330]
Das Landgericht Baden-Baden lehnte einen strafbefreienden Rücktritt vom versuchten Mord ab, da es von einem beendeten Versuch ausging, von dem der Angeklagte Sch. nicht durch bloße Tataufgabe zurücktreten konnte. Zur Begründung führte die Strafkammer aus, der Rechtsprechung des Bundesgerichtshofs zum Rücktrittshorizont[331] zufolge sei der Versuch dann als beendet anzusehen, wenn der Täter nach der letzten Ausführungshandlung den Eintritt des tatbestandsmäßigen Erfolgs für möglich halte; im vorliegenden Fall habe Sch. nach der Abgabe der Schüsse auf den Bus erkannt, dass die Insassen möglicherweise tödlich getroffen seien, so dass der Versuch beendet gewesen sei.[332]
Der Bundesgerichtshof räumt ein, die „Strafkammer [gehe] treffend davon aus, für die Abgrenzung des unbeendeten vom beendeten Versuch komme es darauf an, ob der Täter nach der letzten Ausführungshandlung den Eintritt des tatbestandsmäßigen Erfolgs für möglich [halte] (sog. Rücktrittshorizont)."[333] Trotzdem beruhe die Annahme des Landgerichts Baden-Baden, es handle sich um einen beendeten Versuch, „[u]nter den hier gegebenen Umständen [...] auf einer zu engen Betrachtung [...]."[334] Der Rücktrittshorizont sei so zu verstehen, dass zwar generell ein Versuch beendet sei, wenn der Täter nach der letzten Ausführungshandlung den Erfolgseintritt für möglich halte; sei der Fall allerdings so gelagert, dass „der Täter nach seinem Handeln den Erfolgseintritt zwar zunächst für möglich [halte], [...] aber unmittelbar darauf die Vorstellung [gewinne], mit einer tödlichen Wirkung sei nicht zu rechnen, [komme] ein unbeendeter Versuch in Betracht mit der Folge, dass der Täter, dessen Handlungsmöglichkeiten unverändert fortbestehen, durch freiwilliges Abstehen von weiterem Tun strafbefreiend zurücktreten [könne]."[335]
Der Bundesgerichtshof weitet durch diese Entscheidung den Anwendungsbereich für den rücktrittsfreundlicheren unbeendeten Versuch erneut aus: ein Täter kann nach diesem Urteil selbst dann noch durch reines

[330] Sachverhalt nach den Feststellungen aus dem Urteil des LG Baden-Baden; zitiert in: BGH, Urteil vom 4. April 1995, 1 StR 772/94
[331] siehe dazu oben S. 47ff.
[332] Urteil des LG Baden-Baden; zitiert in: BGH, Urteil vom 4. April 1995, 1 StR 772/94
[333] BGH, Urteil vom 4. April 1995, 1 StR 772/94
[334] BGH, Urteil vom 4. April 1995, 1 StR 772/94
[335] BGH, Urteil vom 4. April 1995, 1 StR 772/94

Nichtweiterhandeln vom Versuch zurücktreten, wenn er nach der letzten Ausführungshandlung den Erfolgseintritt für möglich gehalten hat; Voraussetzung hierfür ist, dass er in einem unmittelbaren zeitlichen Zusammenhang zu der letzten Ausführungshandlung doch noch den Eindruck erhält, der Erfolg sei eben nicht eingetreten.
Eine Definition der Lehre vom Rücktrittshorizont müsste nunmehr also lauten: Der Versuch ist beendet, und ein strafbefreiendes Zurücktreten somit nur noch im Wege der aktiven Vollendungsverhinderung durch den Täter möglich, wenn der Täter es nach der letzten Ausführungshandlung für möglich hält, dass der Taterfolg eintreten könnte, es sei denn, der Täter hält den Erfolgseintritt zwar über eine kurze Zeitspanne für möglich, kommt jedoch dann zu der Erkenntnis, dass der Taterfolg doch nicht eintreten werde.

d) BGH, Beschluss vom 11. März 1999, 4 StR 56/99

Die verschwisterten Angeklagten P. und B. hatten sich entschlossen, ihren Vater zu töten. Zu diesem Zweck hatte der Angeklagte B. ein Brotmesser mit einer ungefähr 13 Zentimeter langen Klinge an seinem Körper versteckt, bevor die Angeklagten gemeinsam zur Wohnung ihres Vaters fuhren.
In der Wohnung des Vaters setzten sich die Angeklagten mit ihrem Vater in dessen Wohnzimmer; die Angeklagte P. veranlasste den Vater zweimal, in die Küche zu gehen, um damit ihrem Bruder Gelegenheit zu geben, den Vater umzubringen. Der Angeklagte B. nahm jedoch von der Ausführung der Tat Abstand, da ihm das Risiko der Entdeckung durch Nachbarn des Vaters zu hoch erschien. Die Angeklagte P. hielt an dem gemeinsam gefassten Tatplan fest. Sie ließ sich das Küchenmesser von ihrem Bruder aushändigen und verbarg es an ihrem Körper. Dann begab sie sich zurück in das Wohnzimmer, wo sie das Messer aus ihrem Ärmel zog, ihren Vater damit bedrohte und ihm schließlich das Messer bis zum Haft in den Unterleib stieß.
Nach mehreren vergeblichen Versuchen konnte der Vater der Angeklagten aus der Wohnung fliehen; der Angeklagte B. folgte dem Vater, konnte ihn jedoch draußen nicht mehr finden. Dann verließen beide Angeklagte die Wohnung, um den Vater zu suchen. Nachdem ihnen dies nicht gelungen war, kehrten sie zunächst in die Wohnung zurück und begaben sich dann in eine Gaststätte. Von dort aus rief die Angeklagte P. die Polizei an und erklärte, sie habe ihren Vater umgebracht.
Die Stichverletzung, die die Angeklagte P. ihrem Vater beigebracht hatte, erwies sich als nicht lebensbedrohlich und hinterließ keine bleibenden Schäden.[336]
Das Landgericht Neubrandenburg lehnte einen strafbefreienden Rücktritt der Angeklagten P. vom Totschlagsversuch mit der Begründung ab, die Angeklagte habe nichts unternommen, um die Tatvollendung zu verhindern; das aber hätte sie, da es sich um einen beendeten Versuch gehandelt habe, tun müssen.[337] Dabei stützte sich die Strafkammer auf die Lehre vom Rück-

---

[336] Sachverhalt nach den Feststellungen aus dem Urteil des LG Neubrandenburg; zitiert in: BGH, Beschluss vom 11. März 1999, 4 StR 56/99

[337] Urteil des LG Neubrandenburg; zitiert in: BGH, Beschluss vom 11. März 1999, 4 StR 56/99

trittshorizont und ging davon aus, die Angeklagte P. habe unmittelbar nach dem Stich geglaubt, ihren Vater tödlich verletzt zu haben.[338] Die Angeklagte habe der Polizei am Telephon mitgeteilt, ihren Vater getötet zu haben, da sie angenommen habe, ihr Vater sei verstorben und „liege irgendwo rum".[339]
Der Bundesgerichtshof äußert an der Annahme der Strafkammer, es liege ein beendeter Versuch vor, „durchgreifende rechtliche Bedenken":[340] zwar sei das Landgericht „zutreffend davon ausgegangen, dass es für die Angrenzung des unbeendeten vom beendeten Versuch darauf ankomm[e], ob der Täter nach der letzten Ausführungshandlung den Eintritt des tatbestandsmäßigen Erfolgs für möglich [halte] (sog. Rücktrittshorizont) [...] und dass dies bei gefährlichen Gewalthandlungen, wie einem Messerstich in den Unterleib, [nahe liege]."[341] Maßgeblich für die Beurteilung der Frage nach der Beendigung des Versuchs sei im vorliegenden Fall jedoch nicht der Zeitpunkt unmittelbar nach dem Stich, sondern der Zeitpunkt, in dem die Angeklagte „[zugelassen habe], dass ihr Vater aus der Wohnung flüchtete."[342] Ein unbeendeter Versuch komme nämlich auch dann in Betracht, „wenn der Täter, dessen Handlungsmöglichkeiten unverändert fortbestehen, nach seinem Handeln einen Erfolgseintritt zwar zunächst für möglich [halte], unmittelbar darauf aber die Vorstellung [gewinne], mit einer tödlichen Wirkung sei (noch) nicht zu rechnen, mit der Folge, dass er durch freiwilliges Absehen von weiterem Tun strafbefreiend zurücktreten [könne...]. Insoweit [komme] vor allem dem vom Täter wahrgenommenen Verhalten des Opfers nach der letzten Ausführungshandlung indizielle Bedeutung zu."[343]
Dem 4. Strafsenat zufolge liegt es daher hier nicht fern, die Angeklagte P. sei möglicherweise entgegen ihren Vorstellungen sowohl unmittelbar nach dem Stich als auch bei ihrem Telephonat mit der Polizei zwischenzeitlich zu der Erkenntnis gelangt, mit einer tödlichen Wirkung des Stiches sei nicht zu rechnen; schließlich habe die Angeklagte zugelassen, dass ihr Vater die Wohnung verließ, obwohl sie die Möglichkeit gehabt hätte, weitere Male zuzustechen.[344] Aus diesem Grund komme der telephonischen Aussage der Angeklagten, sie habe ihren Vater umgebracht, „nicht die indizielle Bedeutung zu, die ihr das Landgericht beigemessen [habe]."[345]
Der 4. Strafsenat geht davon aus, erst die erfolglose Suche der Angeklagten nach dem Vater könne bei der Angeklagten P. die Vorstellung hervorgerufen haben, den Vater tödlich verletzt zu haben; zu diesem Zeitpunkt sei allerdings der ursprüngliche Tötungsversuch bereits abgeschlossen gewesen, und die

---

[338] Urteil des LG Neubrandenburg; zitiert in: BGH, Beschluss vom 11. März 1999, 4 StR 56/99
[339] Urteil des LG Neubrandenburg; zitiert in: BGH, Beschluss vom 11. März 1999, 4 StR 56/99
[340] BGH, Beschluss vom 11. März 1999, 4 StR 56/99
[341] BGH, Beschluss vom 11. März 1999, 4 StR 56/99
[342] BGH, Beschluss vom 11. März 1999, 4 StR 56/99
[343] BGH, Beschluss vom 11. März 1999, 4 StR 56/99
[344] BGH, Beschluss vom 11. März 1999, 4 StR 56/99
[345] BGH, Beschluss vom 11. März 1999, 4 StR 56/99

Angeklagte habe den Rücktritt vom Versuch bereits vollzogen, indem sie dem Vater gestattete, die Wohnung zu verlassen.[346]
Zusätzlich zu der bereits erweiterten Definition des Rücktrittshorizonts bietet der Bundesgerichtshof hier eine weitere mögliche Fallkonstellation für einen unbeendeten Versuch an: der Täter glaubt unmittelbar nach der letzten Tathandlung, der Erfolgseintritt sei möglich, geht dann unmittelbar davon aus, der Erfolg sei doch nicht eingetreten, um zu einem späteren Zeitpunkt wieder zu der Überzeugung, er habe alles für den Taterfolg Erforderliche getan, zurückzukehren.
Dieses Szenario erscheint jedoch sowohl in abstracto als auch im vorliegenden konkreten Fall wenig plausibel. Zwar mag der Äußerung der Angeklagten gegenüber der Polizei, sie habe ihren Vater getötet, im Hinblick auf die Beurteilung ihrer Vorstellung von der Tat im Zeitpunkt der letzten Ausführungshandlung nur indizielle Bedeutung zukommen. Gerade diese indizielle Bedeutung darf aber nicht, wie der 4. Strafsenat es faktisch tut, auf ein fast non-existentes Maß reduziert werden: es ist nicht einleuchtend, dass die Angeklagte, als sie ihren Vater aus der Wohnung laufen sah, davon ausging, ihn nicht tödlich verletzt zu haben – und dann aber zu einem späteren Zeitpunkt nur deshalb annahm, ihn umgebracht zu haben, weil sie den Vater auf der Straße nicht finden konnte.
Hätte die Angeklagte die Polizei nicht angerufen und gesagt, sie habe ihren Vater getötet, hätte die Annahme eines unbeendeten Versuchs nicht fern gelegen. In einem solchen Fall hätte zwar einerseits die Gefährlichkeit der Tathandlung die Kenntnis des Täters von der Möglichkeit einer tödlichen Verletzung nahegelegt, auf der anderen Seite hätte das Verhalten des Opfers jedoch den Schluss zugelassen, dass der Taterfolg doch nicht eintreten werde – und der Täter hätte glaubhaft angeben können, dass er zwar im ersten Moment den Erfolgseintritt für möglich gehalten habe, dann aber davon ausgegangen sei, sein Opfer nicht tödlich verletzt zu haben. Die Annahme des Bundesgerichtshofs allerdings, der Täter halte einen tödlichen Ausgang zunächst für möglich, dann für nicht möglich und schließlich für so stark möglich, dass er sich bei der Polizei meldet und eindeutig angibt, er habe jemanden umgebracht, vermag nicht zu überzeugen, sondern lässt ein „Zurechtbiegen" des Sachverhalts zugunsten des Täters vermuten.

e) BGH, Beschluss vom 24. November 2000, 2 StR317/00

Der Angeklagte hatte den Zeugen M., als dieser aus einem Bistro kam, unvermittelt angegriffen. Er schlug und trat den M. so heftig, dass dieser zu Boden stürzte, und trat M. dann mehrfach mit äußerster Wucht in das Gesicht. Zuletzt schlug er dem M. dreimal eine zersplitterte Flasche in das Gesicht und ließ M. auf der Straße liegen.
Bei seiner Festnahme gab der Angeklagte an, er habe den M. nur verprügeln und nicht töten wollen; er sei weggegangen, als M. sich nicht mehr habe

---

[346] BGH, Beschluss vom 11. März 1999, 4 StR 56/99

wehren können. Die ihn festnehmenden Polizeibeamten fragte der Angeklagte, ob er wegen des Verprügelns des M. nun Probleme bekommen werde.[347]
Das Landgericht Frankfurt am Main verurteilte den Angeklagten wegen versuchten Totschlags, da es annahm, der Angeklagte habe jedenfalls mit bedingtem Tötungsvorsatz gehandelt.[348]
Nach der Auffassung des 2. Strafsenats ist es jedoch im vorliegenden Fall nicht auszuschließen, dass der Angeklagte, „als er vom M. abließ und sich entfernte, sich zwar Gedanken über den Eintritt des Tötungserfolgs [gemacht habe], ihn aber weder für sicher noch für möglich [gehalten habe]",[349] und dass daher ein unbeendeter Versuch vorgelegen habe, von dem der Angeklagte durch die reine Aufgabe der weiteren Tatausführung zurückgetreten sei. Dass das Landgericht Frankfurt am Main die Einlassung des Angeklagten, er habe nicht mit Tötungsvorsatz gehandelt, als widerlegt ansehe, bedeute nicht, dass sich das Vorstellungsbild des Angeklagten im Zeitpunkt der Beendigung der Tat nicht gewandelt haben könnte; auf diesen Zeitpunkt komme es aber für die Beurteilung der Rücktrittsfrage an.[350]
Der Bundesgerichtshof hält auch in dieser Entscheidung im Rahmen der Lehre vom Rücktrittshorizont daran fest, dass der Versuch bereits dann als beendet zu betrachten ist, wenn der Täter den Erfolgseintritt für möglich hält; es ist nicht erforderlich, dass er sich dessen sicher ist.[351] Prinzipiell führt diese Auffassung dazu, dass der Anwendungsbereich des beendeten Versuchs weiter ist als er es wäre, wenn sich der Täter der Möglichkeit des Erfolgseintritts positiv bewusst sein müsste.
Allerdings legt der Bundesgerichtshof das Merkmal der subjektiv wahrgenommenen Möglichkeit der Vollendung in diesem Fall sehr täterfreundlich aus: obwohl der Angeklagte das Opfer unvermittelt angriff, so schlug und trat, dass es zu Boden stürzte und stark benommen war, ihm dann mehrfach mit äußerster Wucht in das Gesicht trat, bis es heftig blutete, und ihm schließlich dreimal eine zersplitterte Flasche auf den Kopf schlug, nimmt der 2. Strafsenat an, der Angeklagte habe „sich zwar Gedanken über den Eintritt des Tötungserfolgs [gemacht], ihn aber weder für sicher noch für möglich [gehalten]";[352] deshalb liege ein unbeendeter Versuch vor.
Im vorliegenden Fall wäre es nicht abwegig gewesen, aus der Schwere der Tathandlungen des Angeklagten darauf zu schließen, er sei davon ausgegangen, dass der Eintritt des Tötungserfolgs zumindest möglich wäre. Diesen Weg wählt der Bundesgerichtshof jedoch nicht, sondern entscheidet zugunsten des Angeklagten.

---

[347] Sachverhalt nach den Feststellungen aus dem Urteil des LG Frankfurt am Main vom 16. Februar 2000; zitiert in: BGH, Beschluss vom 24. November 2000, 2 StR 317/00, S. 3
[348] Urteil des LG Frankfurt am Main vom 16. Februar 2000; zitiert in: BGH, Beschluss vom 24. November 2000, 2 StR 317/00, S. 3f.
[349] BGH, Beschluss vom 24. November 2000, 2 StR 317/00, S. 4
[350] BGH, Beschluss vom 24. November 2000, 2 StR 317/00, S. 4
[351] BGH, Beschluss vom 24. November 2000, 2 StR 317/00, S. 5; siehe dazu auch BGHSt 31, 170, 173; 33, 295, 297f.; BGH, Urteil vom 22. September 2005, 3 StR 256/05
[352] BGH, Beschluss vom 24. November 2000, 2 StR 317/00, S. 4

f) BGH, Beschluss vom 21. März 2001, 3 StR 535/00

Der Angeklagte hatte einem seiner Opfer, C., mit einem Messer, das eine 13 Zentimeter lange Klinge besaß, zweimal tief in den Bauch gestochen; dabei war der erste Stich zwei Zentimeter unterhalb der zwölften Rippe in den Bauchraum eingedrungen, der zweite Stich hatte das Bauchfell durchtrennt und zu einer akuten Lebensgefahr bei C. geführt.

C. blieb kurz schreckerstarrt an der Wand stehen und sackte dann in sich zusammen. Der Angeklagte, der unmittelbar nach dem zweiten Stich das Messer aus dem Leib des C. gezogen hatte, wandte sich sofort von C. ab und machte sich auf die Suche nach seinem zweiten Opfer, E., dem Sohn des C. Aus Angst um seinen Sohn folgte C. daraufhin dem Angeklagten und zog den Angeklagten, nachdem dieser dem E. bereits vier Stiche versetzt hatte, von E. weg.[353]

Das Landgericht Aurich verneinte einen Rücktritt und führte aus, der Angeklagte habe „nicht daran gedacht, freiwillig die weitere Ausführung seiner Tat aufzugeben",[354] sondern sei direkt weitergelaufen, um E. zu finden und anzugreifen.[355]

Dem entgegnend stellt der Bundesgerichtshof fest, „[die] Formulierung, dass sich der Angeklagte >unmittelbar< nach dem zweiten Stich von seinem Opfer [C.] abwandte und [zu Opfer E.] rannte, [spreche] eher dafür, dass der Angeklagte die Verletzungsfolgen nicht wahrgenommen [habe]. [...] Dafür, dass sich der Angeklagte nach der letzen Ausführungshandlung keine Vorstellung über die Folgen seines Tuns gemacht [habe] mit der Konsequenz, dass ein beendeter Versuch anzunehmen wäre [...], [gäben] die bisherigen Feststellungen keinen Anhalt."[356]

Schon diese Annahme scheint mit Blick auf Tatmittel, Tathandlung und das weitere Tatgeschehen nicht besonders plausibel; naheliegend wäre es gewesen, davon auszugehen, dass der Angeklagte durchaus für möglich hielt, C. tödlich verletzt zu haben, ihm dies jedoch schlicht egal war, da er ja auch E. noch finden wollte.

Der 3. Strafsenat geht zwar davon aus, dass gefährliche Gewalthandlungen - und als solche sind zwei Stiche in den Bauch mit einer 13 Zentimeter langen Messerklinge zweifelsohne zu beurteilen - nahe legen, dass der Täter „die lebensgefährdende Wirkung und die Möglichkeit des Erfolgseintritts [kenne]."[357] Im nächsten Satz konstatiert er jedoch, dass diese allgemeine Regel auf den vorliegenden Fall nicht zutreffe: „Diese Kenntnis versteht sich

---

[353] Sachverhalt nach den Feststellungen aus dem Urteil des LG Aurich vom 15. Juni 2000; zitiert in: BGH, Beschluss vom 21. März 2001, 3 StR 535/00, S. 3f.

[354] Urteil des LG Aurich vom 15. Juni 2000; zitiert in: BGH, Beschluss vom 21. März 2001, 3 StR 535/00, S. 4

[355] Urteil des LG Aurich vom 15. Juni 2000; zitiert in: BGH, Beschluss vom 21. März 2001, 3 StR 535/00, S. 4

[356] BGH, Beschluss vom 21. März 2001, 3 StR 535/00, S. 4; ähnlich täterfreundlich BGH, Beschluss vom 24. November 2004, 5 StR 239/04; im Ergebnis anders allerdings BGH, Urteil vom 22. September 2005, 3 StR 256/05

[357] BGH, Beschluss vom 21. März 2001, 3 StR 535/00, S. 4; siehe dazu auch BGH, Urteil vom 22. März 1995, 3 StR 13/95 und Beschluss vom 25. Januar 1995, 2 StR 591/94

aber nicht von selbst, wenn das Opfer nach der letzten Ausführungshandlung noch in der Lage ist, sich vom Tatort wegzubewegen [...].“[358] Mit dieser Überlegung stellt der Bundesgerichtshof allerdings auf den falschen Zeitpunkt im Tatgeschehen ab: im Zeitpunkt nach der letzten Ausführungshandlung gegen C. war dieser für den Angeklagten wahrnehmbar an der Wand zusammengesunken und nicht auf den Beinen.[359] Erst als der Angeklagte dem E. bereits vier Stiche zugefügt hatte, griff C. in die Auseinandersetzung ein,[360] also nach einer eindeutigen zeitlichen Zäsur.
Hier anzunehmen, der Angeklagte habe nach den Stichen gegen C. den Eintritt des Tötungserfolgs nicht für möglich gehalten, erscheint wenig einleuchtend; täterfreundlich ist es allerdings.

g) Die Rechtsprechungslinie des Bundesgerichtshofs zu Tatplantheorie und Lehre vom Rücktrittshorizont

Der Bundesgerichtshof vertritt bei der Abgrenzung des unbeendeten vom beendeten Versuch die Lehre vom Rücktrittshorizont; von der Tatplantheorie, die das Reichsgericht seinen Entscheidungen zugrundelegt, macht der Bundesgerichtshof keinen Gebrauch mehr.
Diese Rechtsprechungslinie ist insofern günstig für den Täter, als sie ihm deutlich mehr Raum für einen Rücktritt vom unbeendeten Versuch lässt: erst wenn der Täter nach der letzten Ausführungshandlung im konkreten Tatablauf den Eintritt des tatbestandlichen Erfolgs für möglich hält, ist der Versuch beendet und eine strafbefreiender Rücktritt nur noch möglich, wenn der Täter aktiv die Vollendungsverhinderung betreibt. Hält der Täter hingegen auch nach der Ausführung aller von ihm vor der Tat geplanten Handlungsschritte den Erfolgseintritt subjektiv nicht für möglich, bleibt der Versuch unbeendet - der Täter kann also zurücktreten, indem er die weitere Tatausführung schlicht aufgibt.
Diese Option bejaht der Bundesgerichtshof auch in Fällen, in denen der Täter zwar direkt nach der Tatausführung annimmt, alles für den Tatbestandserfolg Erforderliche getan zu haben, unmittelbar darauf jedoch erkennt, dass dem nicht so ist.

2. Gesamtbetrachtungslehre und Einzelaktstheorie

Folgt man im Rahmen der Beurteilung der Beendigung des Versuchs der Einzelaktstheorie, bedeutet dies bei mehraktigen Tatgeschehen, dass in jeder einzelnen abgeschlossenen Teilhandlung ein beendeter Versuch liegt, von dem der Täter nur durch die aktive Vollendungsverhinderung zurücktreten kann. Die Gesamtbetrachtungslehre dagegen sieht in den meisten mehraktigen Tatabläufen einen einheitlichen Lebensvorgang und stellt für die Beendigung auf den Zeitpunkt nach Ausführung der letzten Einzelhandlung ab. Die Einzelaktstheorie ist somit für den Täter eines mehraktigen

---

[358] BGH, Beschluss vom 21. März 2001, 3 StR 535/00, S. 4
[359] Sachverhalt nach den Feststellungen aus dem Urteil des LG Aurich vom 15. Juni 2000; zitiert in: BGH, Beschluss vom 21. März 2001, 3 StR 535/00, S. 3
[360] Sachverhalt nach den Feststellungen aus dem Urteil des LG Aurich vom 15. Juni 2000; zitiert in: BGH, Beschluss vom 21. März 2001, 3 StR 535/00, S. 3

Versuchsgeschehens weniger rücktrittsfreundlich als die Gesamtbetrachtungslehre, da sie zu einem früheren Zeitpunkt im Tatgeschehen von einem beendeten Versuch ausgeht.

a) BGHSt 10, 129-132 („Flachmann-Fall")

Der Angeklagte wollte seine ehemalige Verlobte, die sich von ihm getrennt hatte, dazu bewegen, zu ihm zurückzukehren. Zu diesem Zweck lud er sie zu einer Autofahrt in den Wald ein. Als er feststellte, dass er sie endgültig nicht dazu überreden konnte, zu ihm zurückzukommen, beschloss der Angeklagte, wenn sie ihm nicht gefügig sei, solle seine ehemalige Verlobte nicht weiterleben. Er griff nach einem auf dem Rücksitz liegenden, fast vollen Flachmann mit 3/8 Litern Fassungsvermögen und schlug der Frau damit wuchtig auf den Kopf. Da er erkannte, dass der Schlag keine tödliche Wirkung hatte, er aber im Auto nicht zu einem heftigeren Schlag ausholen konnte, entschloss er sich, seine ehemalige Verlobte auf andere Weise zu töten. Der Angeklagte würgte die Frau, bis sie das Bewusstsein verlor, und ließ dann von ihr ab.[361]

Das Schwurgericht Hagen attestierte dem Angeklagten zwar Freiwilligkeit im Hinblick auf die Aufgabe des Würgegriffs, lehnte im Ergebnis jedoch einen Rücktritt ab mit der Begründung, der Versuch, die Frau durch den Schlag mit dem Flachmann zu töten, sei ein eigenständiger Handlungsakt gewesen, von dem der Angeklagten aufgrund eines Fehlschlags nicht mehr habe zurücktreten können.[362]

Dem entgegnet der 4. Strafsenat, es sei nach den Feststellungen über das Tatgeschehen zumindest nicht ausgeschlossen, dass der Angeklagte bereits in dem Zeitpunkt, in dem er mit dem Flachmann auf seine ehemalige Verlobte einschlug, davon ausgegangen sei, ein einzelner Schlag werde nicht die von ihm gewünschte tödliche Wirkung haben, und er deshalb schon von vornherein entschlossen gewesen sei, der Frau weitere Gewalt anzutun.[363] Wenn dem so sei, stelle sich das gesamte, auf die Erzielung des Vollendungserfolgs gerichtete Tatverhalten des Angeklagten als „ein einheitliches Geschehen im natürlichen Sinne und demgemäß rechtlich als eine natürliche Handlungseinheit"[364] dar und müsse dementsprechend als „ein einziger unbeendeter Tötungsversuch"[365] beurteilt werden.

Anders seien Fälle mit mehraktigen Tatgeschehen nur zu bewerten, wenn es dem Täter von vornherein darauf ankomme, den Taterfolg durch den Einsatz nur eines bestimmten Tatmittels zu realisieren; dann wäre der Versuch mit der Verwendung dieses einen Mittels beendet.[366]

Im vorliegenden Fall müsse sich jedoch der vom Schwurgericht Hagen festgestellte freiwillige Rücktritt des Angeklagten vom Tötungsversuch durch

---

[361] Sachverhalt nach den Feststellungen aus dem Urteil des Schwurgericht Hagen; zitiert in: BGHSt 10, 129f.
[362] Urteil des Schwurgericht Hagen; zitiert in: BGHSt 10, 129, 130
[363] BGHSt 10, 129, 130
[364] BGHSt 10, 129, 130f.
[365] BGHSt 10, 129, 131
[366] BGHSt 10, 129, 131

das Würgen jedenfalls dann auf die gesamte Handlungseinheit erstrecken, wenn dem Angeklagten von Beginn an gleichgültig gewesen wäre, mit welchem Tatmittel er den Tötungserfolg bewirken würde.[367]
Anders als in dem erstinstanzlichen Urteil wird in der Entscheidung des Bundesgerichtshofs also nicht die Einzelaktstheorie, sondern die Gesamtbetrachtungslehre auf das mehraktige Tatgeschehen angewendet, mit der Konsequenz, dass dem Täter eines mehraktigen Geschehens der Rücktritt jedenfalls nicht automatisch verwehrt ist, wenn einer der Teilakte scheitert.

b) BGHSt 22, 330-334

Der Angeklagte hatte in einem eifersüchtigen Wutanfall mit einem Stilettmesser mehrfach auf seine Geliebte, H., eingestochen. Beim Zustechen war er sich darüber im Klaren, dass eine der Stichwunden tödlich sein könnte; diese Möglichkeit nahm der Angeklagte billigend in Kauf.
Als die Mutter der H. auf die Hilferufe ihrer Tochter hin das Zimmer betrat, stand der Angeklagte mit dem Messer in der Hand über der am Boden liegenden H.; er stach allerdings nicht mehr auf sie ein. H. konnte aufstehen und sich auf ein Sofa setzen. Als sie einen Krankenwagen rufen wollte, brachte der Angeklagte sie ein Stück die Treppe hinunter, verließ dann aber das Haus und ließ H. zurück.
H. wurde durch ärztliche Hilfe gerettet.
Das Schwurgericht Bonn verurteilte den Angeklagten wegen versuchten Mordes, ohne sich mit der Prüfung eines möglichen Rücktritts zu befassen.[368]
Diesen Mangel rügt der 2. Strafsenat; er legt sich zwar auf kein Ergebnis im Hinblick auf die Rücktrittsfrage fest, hält es jedoch zumindest für nicht ausgeschlossen, dass der Versuch noch unbeendet gewesen sein könnte, da „aber auch die Möglichkeit nicht ausgeschlossen werden [könne], dass [der Angeklagte] bei Tatbeginn überhaupt keinen Plan [gehabt habe], sondern plötzlich und wahllos mit Zustechen [begonnen habe]: Dann [komme] es darauf an, wie er nach dem letzten tatsächlich geführten Stich die Wirkung seines bisherigen Tuns [eingeschätzt habe] und warum er nicht mehr weiter [zugestochen habe]; von Bedeutung könnte dabei immerhin sein, dass sich die Verletzte alsbald vom Boden erheben und auf eine Couch setzen konnte."[369]
Im Anschluss an die Entscheidung im „Flachmann-Fall“[370] stellt der 2. Strafsenat in diesem Urteil fest, es „[könnten] nur die Überlegungen des Täters nach der letzten Ausführungshandlung Aufschluss darüber geben, ob der Versuch beendet war oder nicht.“[371] Der Versuch sei dann noch nicht beendet, wenn der Täter im Zeitpunkt nach der letzten Ausführungshandlung sein bisheriges Tun nicht für ausreichend halte, um den erstrebten Erfolg herbeizuführen; unterlasse er zu diesem Zeitpunkt jede weitere auf die

---

[367] BGHSt 10, 129, 131f.
[368] siehe dazu BGHSt 22, 330, 334
[369] BGHSt 22, 330, 333f.
[370] BGHSt 10, 129-132
[371] BGHSt 22, 330, 332

Vollendung gerichtete Tätigkeit, so bleibe er wegen des Rücktritts vom unbeendeten Versuch straffrei.[372]
Der Bundesgerichtshof hält damit an der Abwendung von der Einzelaktstheorie hin zur täterfreundlicheren Gesamtbetrachtungslehre fest.

c) Die Rechtsprechungslinie des Bundesgerichtshofs zu Gesamtbetrachtungslehre und Einzelaktstheorie

Der Bundesgerichtshof folgt bei der Beurteilung mehraktiger Geschehen der Gesamtbetrachtungslehre: ein Rücktritt nach der letzten Einzelhandlung muss sich auf das gesamte Tatgeschehen erstrecken, wenn sich dieses Tatgeschehen als einheitlicher Lebensvorgang darstellt. Dieses einheitliche Geschehen ist erst dann als beendeter - und weniger rücktrittsfreundlicher - Versuch zu bewerten, wenn der Täter nach der letzten Ausführungshandlung den Erfolgseintritt für möglich hält, nicht etwa schon dann, wenn dies nach einer der einzelnen Handlungen der Fall ist.

3. Erreichen des außertatbestandlichen Ziels – BGHSt 39, 221-232 („Denkzettel-Fall")

Der Angeklagte hatte seinem Opfer ein Messer mit einer zwölf Zentimeter langen, spitz zulaufenden Klinge in den Oberbauch gestoßen, um ihm einen Denkzettel zu verpassen. Der Angeklagte hatte den Stich frontal gegen den Oberbauch seines Opfers geführt; der Stich eröffnete den Brustraum, durchstieß das Zwerchfell und verletzte den rechten Leberlappen. Der Angeklagte hatte dabei den Tod des Opfers billigend in Kauf genommen. Nach dem Stich zog er das Messer aus dem Leib seines Opfers und verließ den Raum; das Opfer konnte durch ärztliche Hilfe gerettet werden.[373]
Das Landgericht Weiden in der Oberpfalz verurteilte den Angeklagten wegen versuchten Totschlags und lehnte einen Rücktritt ab, da der Angeklagte alles getan habe, was in seinem Tatplan enthalten gewesen sei;[374] daher sei ein beendeter Versuch gegeben, von dem der Angeklagte nur durch aktive Rettungsbemühungen hätte zurücktreten können.
Gegen diese Entscheidung legte der Angeklagte Revision ein; der Generalbundesanwalt beantragte, die Revision als unbegründet zu verwerfen, da das Landgericht Weiden in der Oberpfalz „seiner Entscheidung [zwar] die vom Bundesgerichtshof früher vertretene Rechtsmeinung über die Abgrenzung des unbeendeten vom beendeten Versuch zugrunde gelegt [habe, im] Ergebnis [...] jedoch zu Recht angenommen [habe], dass ein strafbefreiender Rücktritt vom versuchten Totschlag nicht vorliege [...]."[375] Der Versuch sei beendet gewesen, da der Angeklagte sich der äußersten Lebensgefährlichkeit seines Tuns bewusst gewesen sei, und daraus folge,

---

372 BGHSt 22, 330, 332
373 Sachverhalt nach den Feststellungen aus dem Urteil des LG Weiden i. d. Opf.; zitiert in: BGHSt 39, 221f.
374 Urteil des LG Weiden i. d. Opf.; zitiert in: BGHSt 39, 221, 222
375 Antrag des GBA auf Verwerfung der Revision; zitiert in: BGHSt 39, 221, 222

dass der Angeklagte den Eintritt des tödlichen Erfolgs auch nach der Tat für möglich gehalten habe.[376]
Dieser Auffassung des Generalbundesanwalts folgt der 1. Strafsenat nicht. Er ist vielmehr der Ansicht, nach den Darstellungen im Urteil des Landgericht Weiden in der Oberpfalz sei ein beendeter Versuch nicht anzunehmen, da nicht mit hinreichender Sicherheit festgestellt sei, dass der Angeklagte nach dem Stich den Erfolgseintritt tatsächlich für möglich gehalten habe.[377] Möglicherweise sei jedoch ein Rücktritt hier ausgeschlossen, da der Angeklagte von weiteren möglichen Tathandlungen allein deshalb abgesehen habe, weil er sein primäres Handlungsziel, das Verabreichen des Denkzettels, erreicht habe.[378]
Die Frage, ob dem Täter ein Rücktritt vom unbeendeten Versuch auch nach der Erreichung des außertatbestandlichen Ziels (hier: Verabreichung des Denkzettels) noch offen steht, ist von den einzelnen Strafsenaten unterschiedlich beantwortet worden.[379] Aus diesem Grund legt der 1. Strafsenat dem Großen Senat für Strafsachen folgende Rechtsfrage zur Entscheidung vor: „Ist ein mit Tötungsvorsatz begangener Totschlagsversuch unbeendet und freiwilliger Rücktritt vom Totschlagsversuch noch möglich, wenn der Täter, der nach der letzten Tathandlung nicht mehr mit dem Tod des Opfers rechnet, von weiteren ihm möglichen Tötungshandlungen allein deshalb absieht, weil er sein Handlungsziel - Verabreichung eines ‚Denkzettels' - erreicht hat?"[380]
Der Große Senat für Strafsachen entscheidet auf den Vorlagebeschluss des 1. Strafsenats,[381] „[e]in strafbefreiender Rücktritt vom unbeendeten Versuch [sei] auch in den Fällen möglich, in denen der Täter von weiteren Handlungen [absehe], weil er sein außertatbestandsmäßiges Handlungsziel erreicht [habe]",[382] und begründet diese sehr eindeutige Entscheidung mit folgenden Argumenten: das Erreichen des außertatbestandlichen Ziels könne den Rücktritt vom unbeendeten Versuch nicht deshalb ausschließen, weil in der Tataufgabe kein honorierbarer Verzicht des Täters auf die Tatvollendung liege; einen solchen honorierbaren Verzicht sehe § 24 I S. 1 1. Alt. nicht als Voraussetzung für den Rücktritt vor.[383] Ebensowenig verlange die Vorschrift für einen unbeendeten Versuch, dass der Täter aufgrund moralisch hochwertiger Beweggründe zurücktrete, so dass auch aus diesem Grund das Erreichen des außertatbestandlichen Handlungsziels kein Hindernis für den Rücktritt darstelle.[384]

---

[376] Antrag des GBA auf Verwerfung der Revision; zitiert in: BGHSt 39, 221, 222
[377] BGH, Vorlagebeschluss vom 27. Oktober 1992; zitiert in: BGHSt 39, 221, 222
[378] BGH, Vorlagebeschluss vom 27. Oktober 1992; zitiert in: BGHSt 39, 221, 222
[379] zu den Entscheidungen der einzelnen Senate ausführlich BGHSt 39, 221, 228f.
[380] BGH, Vorlagebeschluss vom 27. Oktober 1992; zitiert in: BGHSt 39, 221, 223
[381] zitiert in: BGHSt 39, 221, 223
[382] BGHSt 39, 221
[383] BGHSt 39, 221, 231f.
[384] BGHSt 39, 221, 231

Außerdem sei als „Tat“ im Sinne des § 24 I die Tat im sachlich-rechtlichen Sinne zu verstehen, und die Vorschrift stelle dementsprechend nicht auf über die Tat selbst hinausgehende Absichten oder Ziele ab.[385]
Hinzukomme, dass es unter Aspekten des Opferschutzes sinnvoll sein könne, dem Täter auch nach der Erreichung des außertatbestandlichen Handlungsziels den Rücktritt durch die bloße Tataufgabe zu ermöglichen, da regelmäßig bis zu diesem Stadium der Tat eine geringere Gefährdung für das Opfer eingetreten sei, bei der es eher bleibe, wenn der Täter die Straffreiheit durch das reine Nichtweiterhandeln erlangen könne.[386]
Zuletzt sei nicht zu befürchten, dass die Entscheidung des Großen Senats in Strafsachen den Geltungsbereich des unbeendeten Versuchs über Gebühr ausdehne, da zum einen ja immer noch die strengen Anforderungen an das subjektive Vorstellungsbild des Täters über die Abgrenzung des unbeendeten vom beendeten Versuch entschieden,[387] und zum anderen in der Praxis häufig nach der Verabreichung des Denkzettels schon der Fehlschlag eintrete.[388]
Der Große Senat in Strafsachen schafft mit diesem Beschluss unzweideutige Rechtsklarheit. Er weitet zusätzlich den Anwendungsbereich des unbeendeten Versuchs ein weiteres Mal zugunsten des Täters aus.

III. Das Erfordernis der Freiwilligkeit

Welchen Einfluss das Tatbestandsmerkmal der Freiwilligkeit auf den Geltungsbereich des straflosen Rücktritts hat, liegt auf der Hand: wenn der Täter nicht freiwillig handelt, kann er auch nicht strafbefreiend zurücktreten. Das heißt also: je mehr Verhaltensweisen des Täters unter den Begriff „freiwillig“ gefasst werden, desto größer ist seine Chance zum Rücktritt.

1. BGHSt 7, 296-300

Der Angeklagte hatte das ihm unbekannte Opfer auf einem Waldweg zu Boden geworfen, um mit Gewalt den Geschlechtsverkehr zu erzwingen. Das ihm körperlich unterlegene Opfer setzte sich physisch nicht gegen den Angeklagten zur Wehr, stellte ihm jedoch in der Hoffnung, hierdurch Zeit zu gewinnen und eventuell einen Vorbeikommenden um Hilfe bitten zu können, in Aussicht, zu einem späteren Zeitpunkt mit ihm den Geschlechtsverkehr zu

---

385 BGHSt 39, 221, 231

386 BGHSt 39, 221, 232; diese Vermutung des BGH scheint jedoch gerade im Licht des dem „Denkzettel-Fall“ zugrundeliegenden Sachverhalts eher wenig überzeugend: das Opfer wäre nach dem einen vom Angeklagten geführten Stich verstorben, wenn es sich nicht aus eigener Kraft sofort zur Polizeistation und von dort in ärztliche Behandlung begeben hätte. Von einer geringeren Gefährlichkeit des Täters oder seiner Handlung kann also nicht die Rede sein.
Auch der BGH, Beschluss vom 8. August 2002, 3 StR 239/02, zugrundeliegende Sachverhalt bietet keinen Anlass für die Annahme einer geringeren Gefährlichkeit des Täters: hier hatte der Angeklagte einen Schlag mit der Axt auf das am Boden liegende Opfer geführt, um es dazu zu bringen, die Musik leiser zu stellen (Sachverhalt nach den Feststellungen aus dem Urteil des LG Hannover vom 15. März 2002; zitiert in: BGH, Beschluss vom 8. August 2002, 3 StR 239/02, S. 3).

387 BGHSt 39, 221, 231

388 BGHSt 39, 221, 232

vollziehen, ohne dass dafür eine Gewalteinwirkung seinerseits vonnöten wäre. Daraufhin ließ der Angeklagte von dem Opfer ab und floh schließlich, als zwei Spaziergänger vorbeiliefen, und das Opfer um Hilfe rief.[389]
Das Landgericht Hagen schloss einen strafbefreienden Rücktritt mit der Begründung aus, der Angeklagte habe nicht freiwillig gehandelt, und berief sich auf das Urteil des Reichsgerichts vom 18. Dezember 1941:[390] „Die nunmehr sichere Aussicht des Angeklagten, auf eine weit angenehmere Art und ohne die Befürchtung strafrechtlicher Verfolgung zu seinem Ziele zu kommen, [war] für die Willensbildung und damit für den Rücktritt des Täters ein derart starker Beweggrund, dass für ihn vernünftigerweise eine freie Wahl überhaupt nicht mehr bestand. Von einem freiwilligen Rücktritt kann bei dieser Sachlage daher keine Rede sein."[391]
Dem entgegnet der Bundesgerichtshof, das Landgericht habe „bisher nicht hinreichend dargetan, dass die Erwartung [des gewaltfreien Geschlechtsverkehrs zu einem späteren Zeitpunkt] für den [Täter] ein zwingender Grund zur Verbrechensaufgabe [gewesen sei], so dass ihm keine andere Wahl [verblieben sei]. Die etwaige Annahme, auch ohne große Gefahr zum Geschlechtsverkehr zu kommen, [habe] ihm nicht ohne weiteres die Freiheit zur Entschließung [genommen...]."[392]
Dabei stellt der entscheidende 4. Strafsenat darauf ab, dass einerseits der Anstoß zum Rücktritt auch von außen kommen könne, beispielsweise durch gutes Zureden des Opfers,[393] und dass andererseits für den Rücktritt nicht erforderlich sei, „[dass] der Beweggrund zum Rücktritt billigenswert oder gar hochwertig, dass der freie Wille des Täters unbedingt ein guter sein müsse [...]."[394]
Diese Entscheidung des Bundesgerichtshofs weist an drei Punkten eine rücktritts- und damit täterfreundliche Tendenz auf. Erstens ist nicht erforderlich, dass der Täter aus rein autonomen Motiven zurücktritt;[395] zweitens muss das Rücktrittsmotiv nicht von hoher ethischer Qualität sein;[396] und drittens schließt die Aussicht, die Tat zu einem späteren Zeitpunkt auf einfachere Weise vollenden zu können, die Freiwilligkeit des Rücktritts nicht generell aus.[397]

---

[389] Sachverhalt nach den Feststellungen aus dem Urteil des LG Hagen; zitiert in: BGHSt 7, 296f.
[390] RGSt 75, 393-396
[391] Urteil des LG Hagen; zitiert in: BGHSt 7, 296, 298
[392] BGHSt 7, 296, 299f.
[393] BGHSt 7, 296, 299
[394] BGHSt 7, 296, 299
[395] so aber *Schröder*, JuS 1962, 81, 83; im Ergebnis ebenso, wenn auch anders formuliert, *Schünemann*, GA 1986, 293, 323; nach *Roxin*s Lehre von der Verbrechervernunft (*Roxin*, FS- Heinitz, 251, 255ff. und *Roxin*, AT II, § 30, Rn. 383f.) wäre der Rücktritt hier ebenfalls wohl nicht freiwillig, da es vernünftig ist, auf den Einsatz von Gewalt zu verzichten
[396] wie es *Bockelmann* verlangt (*Bockelmann*, NJW 1955, 1417, 1421; *Bockelmann/Volk*, AT, S. 214f.)
[397] so aber noch das Reichsgericht in seinem Urteil vom 18. Dezember 1941 (RGSt 75, 393-396)

Die ersten beiden Punkte beinhalten eine generell weite Interpretation des Freiwilligkeitsbegriffs durch die Rechtsprechung. Wenn der Täter nicht allein durch autonome Motive zum Rücktritt bewegt werden muss, sondern der Anstoß zum Rücktritt auch von außen kommen kann, ist der Anwendungsbereich der Rücktrittsregelung größer als er es wäre, wenn der Täter nur aufgrund innerer Beweggründe zurücktreten könnte. Dasselbe gilt für die Ansicht, das Rücktrittsmotiv müsse nicht moralisch billigenswert oder hochwertig sein; je weniger Anforderungen an die Art des Beweggrundes gestellt werden, desto mehr Motive können einen freiwilligen Rücktritt bedingen.[398]

2. BGH, Urteil vom 23. Oktober 1991, 3 StR 321/91

Der Angeklagte war nach einem Übungsschießen mit zwei weiteren RAF-Mitgliedern in einem Waldgebiet von zwei Polizeibeamten, H. und Sch., überrascht worden. Um zu verhindern, dass bei einer Festnahme wegen der Schießübung ihre Mitgliedschaft in der RAF bekannt würde, schossen der Angeklagte und seine Begleiter ohne zu zögern auf die Polizeibeamten. H. verstarb sofort, während Sch. noch lebte, von dem Angeklagten und seinen Begleitern allerdings zunächst für tot gehalten wurde. Sch. gelang es, sieben Schüsse abzugeben und die Begleiter des Angeklagten so schwer zu verletzen, dass sie nicht mehr fliehen konnten.

Der Angeklagte nahm daraufhin die Maschinenpistole des tödlich getroffenen H. in die Hand. Anders als es Sch. erwartet hatte, schoss der Angeklagte jedoch nicht auf ihn, sondern ließ die Waffe wieder fallen und flüchtete.[399]

Das Bayerische Oberste Landgericht lehnte einen Rücktritt ab, da es von einem beendeten Tötungsversuch ausging, von dem der Angeklagte nicht durch bloßes Nichtweiterhandeln habe zurücktreten können.[400]

Der Bundesgerichtshof nimmt nicht nur an, dass hier ein unbeendeter Versuch vorliege, da der Angeklagte zwar zunächst geglaubt habe, den Sch. tödlich getroffen zu haben, unmittelbar darauf jedoch erkannt habe, dass dies nicht der Fall gewesen sei,[401] und daher ein Rücktritt des Angeklagten in Betracht komme. Der 3. Strafsenat ist zusätzlich der Auffassung, der Angeklagte sei auch freiwillig zurückgetreten: da das Urteil des Bayerischen Obersten Landgerichts sich zu dieser Frage nicht verhalte, und ein so langer Zeitraum vergangen sei, dass in einer neuen Hauptverhandlung keine Feststellungen zu den maßgeblichen Vorstellungen des Angeklagten getroffen werden könnten,

---

[398] Dass die Beweggründe des Rücktritts nicht ethisch hochwertiger Natur sein müssen, ist ständige Rechtsprechung des BGH; siehe BGHSt 9, 48, 49f. („Lilo-Fall"); 21, 216f.; 24, 48, 49; BGH, Beschluss vom 7. November 2000, 4 StR 456/00; Beschluss vom 21. November 2002, 3 StR 296/02

[399] Sachverhalt nach den Feststellungen aus dem Urteil des BayObLG; zitiert in: BGH, Urteil vom 23. Oktober 1991, 3 StR 321/91

[400] Urteil des BayObLG; zitiert in: BGH, Urteil vom 23. Oktober 1991, 3 StR 321/91

[401] BGH, Urteil vom 23. Oktober 1991, 3 StR 321/91

müssten eventuell verbleibende Zweifel an der Freiwilligkeit der Rücktrittsmotivation des Angeklagten zu dessen Gunsten gelöst werden.[402]

3. Die Rechtsprechungslinie des Bundesgerichtshofs zum Erfordernis der Freiwilligkeit

Der Bundesgerichtshof stellt für die Beurteilung der Freiwilligkeit eindeutige und für den Täter günstige Maßstäbe auf: unfreiwillig ist der Rücktritt nur dann, wenn der Täter aufgrund innerer oder äußerer Umstände in dem Sinne zur Tataufgabe gezwungen wird, dass er nicht mehr Herr seiner Entscheidungen ist.

Verbleibt dem Täter jedoch ein Entscheidungsspielraum und kommt er zu dem Entschluss, die Tat nicht vollenden zu wollen, reicht das für einen strafbefreienden freiwilligen Rücktritt aus; ob die Motive für den Rücktritt heteronomer oder autonomer Natur sind und ob ein ethisch hochwertiger Beweggrund zum Rücktritt geführt hat oder nicht, ist dann für die Frage nach der Freiwilligkeit nicht mehr entscheidend.

IV. Anforderungen an das Rücktrittsverhalten des Täters

Auch hier ist eindeutig, wie sich die Anforderungen an das Rücktrittsverhalten auf die Rücktrittsmöglichkeit des Täters auswirken: je geringer die Anforderungen an den Täter sind, desto höher sind seine Chancen, strafbefreiend zurücktreten zu können.

1. BGHSt 31, 46-50 („Krankenhaus-Fall")

Der Angeklagte hatte zunächst mit einer Bierflasche, dann mit einem Glasaschenbecher und schließlich mit einem Stuhl heftig und wiederholt auf den Kopf seiner Frau eingeschlagen; dabei war ihm klar, dass er auf diesem Wege den Tod seiner Frau herbeiführen könnte, und dies war ihm auch recht. Als seine Frau am Kopf stark blutete und bewusstlos war, entschloss sich der Angeklagte, sie doch mit dem Auto in ein Krankenhaus zu bringen; er ließ seine inzwischen wieder bei Bewusstsein befindliche Frau allerdings ungefähr 95 Meter vor einem Nebeneingang des Krankenhauses aussteigen und allein zum Krankenhaus laufen, da ihm bewusst war, dass der Tatverdacht auf ihn fiele, wenn er seine Frau direkt in das Krankenhaus brächte. Der Angeklagte war sich nicht sicher, ob seine Frau den Eingang aus eigener Kraft erreichen würde, er fuhr aber nichtsdestotrotz weg, sobald er seine Frau abgesetzt hatte. Die Frau des Angeklagten wurde kurz, nachdem er sie hatte aussteigen lassen, von einem Passanten in einem Gebüsch etwa 40 Meter entfernt vom Eingang des Krankenhauses gefunden; sie war erneut bewusstlos, hatte viel Blut verloren und wäre ohne das Auffinden und die daran anschließende ärztliche Betreuung möglicherweise verstorben.[403]

---

[402] BGH, Urteil vom 23. Oktober 1991, 3 StR 321/91; zur Anwendung des "in dubio pro reo"-Prinzips auf die Freiwilligkeit siehe auch BGH, Beschluss vom 12. März 1969, 2 StR 33/69 (zusammengefasst bei *Dallinger*, MDR 1969, 532) und Beschluss vom 7. November 2000, 4 StR 456/00, S. 7

[403] Sachverhalt nach den Feststellungen aus dem Urteil des LG München II; zitiert in: BGHSt 31, 46, 47f.

Das Landgericht München II ging davon aus, der Angeklagte sei von dem beendeten Tötungsversuch zurückgetreten, da er die Tatvollendung verhindert habe, indem er seine Frau zum Krankenhaus brachte.[404]
In diesem Fall zeigt sich der 1. Strafsenat weniger täterfreundlich als das erstinstanzliche Gericht und lehnt einen Rücktritt vom Versuch ab.[405]
Nach Auffassung des Bundesgerichtshofs hätte der Angeklagte hier, da es sich bei seiner Tat um einen beendeten Versuch gehandelt habe, die Vollendung verhindern müssen (§ 24 I S. 1 2. Alt.); er hätte also „den Willen der Abstandnahme von der Tat durch Handlungen manifestieren [müssen], die auf Vereitelung der Tatvollendung abzielen und objektiv oder wenigstens aus seiner Sicht dazu ausreichen [...].“[406] Nicht ausreichend sei es gewesen, sich „mit Maßnahmen [zu] begnügen, die, wie [der Angeklagte erkannt habe,...] unzureichend [gewesen seien], wenn ihm bessere Verhinderungsmöglichkeiten zur Verfügung [gestanden hätten]. Solche Verhinderungsmöglichkeiten [hätte der Angeklagte] ausschöpfen [müssen].“[407]
Der Angeklagte hätte also sein Bemühen, seine schwer verletzte Frau in ein Krankenhaus zu bringen, nicht vorzeitig abbrechen und die - wie er wusste - notwendige ärztliche Behandlung damit dem Zufall überlassen dürfen.[408]
Mit dieser Entscheidung macht der 1. Strafsenat eigentlich deutlich, dass im Hinblick auf die erforderliche Qualität der Rettungshandlung strenge und somit eher wenig täterfreundliche Maßstäbe angelegt werden sollen. Eine reine Kausalität der Rettungshandlung für den Nichteintritt des Taterfolgs soll nicht genügen; die Formulierung, der Täter müsse „bessere Verhinderungsmöglichkeiten“[409] nutzen, wenn ihm diese zur Verfügung stehen, deutet eher auf eine Forderung der Rechtsprechung nach dem Einsatz optimaler Rettungsmittel durch den Täter hin.
Allerdings bleibt der Bundesgerichtshof nicht bei dieser Rechtsprechung.

2. BGH, Urteil vom 5. Dezember 1985, 4 StR 593/85 („Telefon-Fall“)

Der Angeklagte hatte seinem Vater ein Küchenmesser mit einer zehn Zentimeter langen Klinge in den linken Brustbereich gestoßen; dabei war ihm klar, dass die Verletzung tödlich sein könnte, der mögliche letale Ausgang war ihm jedoch gleichgültig. Seinen Vater bedrängte der Angeklagte dann, er solle die Polizei nicht informieren und das Geschehen als einen Unglücksfall darstellen. Als sein Vater ihn um Hilfe bat, nahm der Angeklagte ein Telefonbuch, blätterte darin einige Zeit und verkündete dann, die Notrufnummer nicht finden zu können. Daraufhin gab er seinem Vater das Telefon; dieser wählte die 110, sprach davon, dass ein Unglücksfall eingetreten sei und bat um ärztliche Hilfe. Er konnte gerettet werden.[410]

---

404 Urteil des LG München II; zitiert in: BGHSt 31, 46, 48
405 BGHSt 31, 46, 47
406 BGHSt 31, 46, 49
407 BGHSt 31, 46, 49
408 BGHSt 31, 46, 50
409 BGHSt 31, 46, 49
410 Sachverhalt nach den Feststellungen aus dem Urteil des LG Frankenthal; zitiert in: BGH, Urteil vom 5. Dezember 1985, 4 StR 593/85

Das Landgericht Frankenthal lehnte einen strafbefreienden Rücktritt mit der Begründung ab, der Angeklagte habe dadurch, dass er seinem Vater das Telefon gereicht habe, keine für die Nichtvollendung der Tat zumindest mitursächliche Kausalkette in Gang gesetzt, da die Rettungsinitiative ausschließlich vom Opfer ausgegangen sei; außerdem sei es dem Angeklagten nicht darum gegangen, den Tod des Vaters zu verhindern, sondern lediglich darum, die Verletzung als einen Unglücksfall darzustellen, um nicht als Verursacher erkannt zu werden.[411]
Der Bundesgerichtshof hingegen bejaht einen Rücktritt mit der Begründung, dass der Angeklagte seinem Vater das Telefon gereicht habe, sei kausal für die Erfolgsverhinderung gewesen.[412] Gegen einen Rücktritt spreche nicht, dass der Angeklagte noch andere Rettungsbemühungen hätte an den Tag legen können;[413] anders als § 24 I S. 2 verlange § 24 I S. 1 2. Alt. kein „ernsthaftes Bemühen" um die Vollendungsverhinderung, sondern lediglich eine Kausalität zwischen Rettungshandlung und Ausbleiben des Taterfolgs.[414]
Diese Auffassung des Bundesgerichtshofs steht im deutlichen Widerspruch zu der im „Krankenhaus-Fall"[415] geäußerten Annahme, der Täter dürfe sich nicht mit unzureichenden Rettungsmaßnahmen begnügen, wenn ihm bewusst sei, dass ihm bessere Verhinderungsmöglichkeiten offen stehen.[416]
Dadurch, dass der Bundesgerichtshof seit dieser Entscheidung im „Telefon-Fall" jegliche für die Erfolgsverhinderung kausale Rettungshandlung unabhängig von ihrer relativen Effektivität genügen lässt, weitet er auch hier das Anwendungsfeld der Rücktrittsregelung aus.
Auch das Argument des Landgericht Frankenthal, dem Angeklagten sei es nicht um die Rettung seines Vaters, sondern allein um die Nichtentdeckung der Tat gegangen, spricht nach der Auffassung des 4. Strafsenats nicht gegen einen Rücktritt: „Die Absicht des Angeklagten, die Tat mit Hilfe des Opfers der Polizei gegenüber zu verschleiern, schließt weder Bemühungen um die Rettung des Opfers noch die Ernsthaftigkeit und Freiwilligkeit des Rücktritts aus [...]."[417]

3. BGH, Beschluss vom 12. November 1998, 4 StR 575/98

Der Angeklagte, der mit seiner Situation als Asylbewerber unzufrieden war, hatte beschlossen, als Protestaktion in seinem Zimmer in der Container-Wohnanlage für Asylbewerber ein Feuer zu legen. Zu diesem Zweck kaufte er mehrere Liter Dieseltreibstoff; er hatte sich gegen Benzin entschieden, da er wusste, dass das Anzünden von Benzin zu einer Verpuffung führt, während Dieselkraftstoff nach dem Anzünden abbrennt. Durch die Verwendung des Dieselkraftstoffs wollte der Angeklagte eine frühzeitige Entdeckung des Brandes verhindern; es sollten nämlich bei dem Brand Feuerwehr, Polizei und

---

[411] Urteil des LG Frankenthal; zitiert in: BGH, Urteil vom 5. Dezember 1985, 4 StR 593/85
[412] BGH, Urteil vom 5. Dezember 1985, 4 StR 593/85
[413] BGH, Urteil vom 5. Dezember 1985, 4 StR 593/85
[414] BGH, Urteil vom 5. Dezember 1985, 4 StR 593/85
[415] BGHSt 31, 46-50
[416] BGHSt 31, 46, 49
[417] BGH, Urteil vom 5. Dezember 1985, 4 StR 593/85

Presse erscheinen, denen der Angeklagte die Beweggründe für seine Tat schildern wollte.
Seinen ursprünglichen Plan, das Feuer gleich am Tag des Diesel-Einkaufs zu legen, gab der Angeklagte auf, da zu viele Personen in der Wohnanlage ein- und ausgingen, und er deshalb mit einer sofortigen Entdeckung des Feuers rechnete; außerdem wollte er keine solche Vielzahl von potenziellen Opfern gefährden.
Der Angeklagte setzte seinen Plan dann drei Tage später in die Tat um. Er goss den Dieselkraftstoff auf Bett und Teppich in seinem Zimmer, setzte das Bett in Brand und wartete, bis die Flammen eine Höhe von mindestens 20 Zentimetern erreicht hatten. Dabei war dem Angeklagte bewusst, dass sich das Feuer auf die brennbare Wandverkleidung seines Zimmers und letztendlich auf andere Containerbereiche ausdehnen würde; ihm war ebenfalls bewusst, dass sich eine ihm nicht bekannte Anzahl von Menschen in der Anlage befand, die durch den Brand zu Tode kommen könnten. Dies nahm der Angeklagte billigend in Kauf. Er schloss die Tür zu seinem Zimmer ab und verließ die Wohnanlage, ohne jemanden über das Feuer zu informieren.
Der Angeklagte fuhr dann mit dem Fahrrad zur Stadtverwaltung; für den Weg benötigte er ungefähr zehn Minuten. Dort angelangt, teilte er dem Zeugen R. mit, dass er in der Containeranlage Feuer gelegt habe; R. solle Polizei und Feuerwehr benachrichtigen.
Als die Feuerwehr in der Wohnanlage eintraf, war der Brand, der auf wesentliche Teile der Gebäudeverkleidung übergegriffen hatte, bereits von Bewohnern der Anlage gelöscht worden.[418]
Das Landgericht Münster verneinte einen Rücktritt des Angeklagten vom beendeten Mordversuch mit der Begründung, der Angeklagte habe zwar den Brand bei der Stadtverwaltung gemeldet, es hätten jedoch andere Rettungsmöglichkeiten näher gelegen - der Angeklagte hätte beispielsweise einen der Bewohner der Containeranlage von dem Feuer in Kenntnis setzen können.[419] Aus dem Verhalten des Angeklagten lasse sich schließen, dass es ihm nicht darum gegangen sei, die Tatvollendung zu verhindern, sondern nur darum, seinen Tatplan zu verwirklichen und Presse und Polizei von seiner Tat und deren Hintergründen zu berichten.[420]
Dieser Argumentation entgegnet der Bundesgerichtshof, der Rücktritt scheitere nicht schon daran, dass der Angeklagte „objektiv schon eher etwas und möglicherweise noch mehr hätte tun können";[421] und dass „sich der Angeklagte von anderen Motiven als dem der Erfolgsverhinderung [habe] leiten lassen, [lasse] einen strafbefreienden Rücktritt ebenfalls unberührt [...]."[422]

---

418 Sachverhalt nach den Feststellungen aus dem Urteil des LG Münster; zitiert in: BGH, Beschluss vom 12. November 1998, 4 StR 575/98
419 Urteil des LG Münster; zitiert in: BGH, Beschluss vom 12. November 1998, 4 StR 575/98
420 Urteil des LG Münster; zitiert in: BGH, Beschluss vom 12. November 1998, 4 StR 575/98
421 BGH, Beschluss vom 12. November 1998, 4 StR 575/98; auch in dieser Entscheidung folgt der BGH der im "Krankenhaus-Fall" aufgestellten Linie nicht
422 BGH, Beschluss vom 12. November 1998, 4 StR 575/98

Eine weitere Begründung für diese eindeutigen, aber sehr knapp formulierten Grundsätze bietet der 4. Strafsenat nicht an; er entscheidet auch hier in dem Sinne täterfreundlich, dass er den Anwendungsbereich für den Rücktritt weit offen lässt.

4. BGH, Beschluss vom 9. Dezember 1998, 5 StR 584/98

Der Angeklagte war zu später Abendzeit mit einem Baseballschläger bewaffnet in das Wohnhaus des Nebenklägers eingedrungen, wo er - wie von ihm erwartet - den Nebenkläger und die Zeugin T., die ehemalige Geliebte des Angeklagten, angetroffen hatte.

Nachdem der Angeklagte dem Nebenkläger eröffnet hatte, dass dieser jetzt sterben werde, schlug er dem Nebenkläger dreimal wuchtig mit dem Baseballschläger auf den Kopf; beim dritten Schlag zerbrach der Schläger. Da der Angeklagte davon ausging, den Nebenkläger tödlich verletzt zu haben, schlug er nicht weiter auf ihn ein, sondern wandte sich der T. zu. Der Angeklagte zerrte und schob die T. aus dem Haus und auf den Beifahrersitz seines Wagens, dann fuhr er los.

Auf der Fahrt redete die T. auf den Angeklagte ein, er solle umkehren, da der Nebenkläger sicher Hilfe benötige. Nach ungefähr zwei Minuten kam der Angeklagte der Aufforderung der T. nach. Er setzte sie vor dem Haus des Nebenklägers ab und trug ihr auf, den Nebenkläger in ein Krankenhaus zu bringen. Im Anschluss hieran fuhr der Angeklagte nach Hause. Die T. brachte den Nebenkläger zum Krankenhaus; sein Leben konnte durch eine neurochirurgische Notfalloperation gerettet werden.[423]

Das Landgericht Göttingen lehnte einen Rücktritt vom beendeten Totschlagsversuch ab.[424]

Der 5. Strafsenat dagegen hält fest, der Angeklagte sei vom beendeten Totschlagsversuch nach § 24 I S. 1 2. Alt. mit strafbefreiender Wirkung zurückgetreten: „[Der Angeklagte] hat die Vollendung der Tat verhindert. Hierfür genügt nach der ständigen Rechtsprechung des Bundesgerichtshofs, dass der Täter eine neue Kausalkette in Gang setzt, die für die Nichtvollendung der Tat mitursächlich wird [...]. Dabei ist bedeutungslos, dass - wie hier - andere, vom Willen des Täters unabhängige Umstände zur Verhinderung der Tatvollendung beigetragen haben [...]. Ohne Belang ist auch, dass der Täter - wie hier - zunächst nicht rettungswillig war, sich gar zunächst vom Tatort entfernt hat [...], dass er zunächst sogar hilfsbereite Dritte von der Rettung abgehalten hat [...]. [Es ist] auch unerheblich, ob der Täter mehr als von ihm getan zur Rettung hätte leisten können [...]."[425]

Mit dieser Entscheidung wendet sich der Bundesgerichtshof ein weiteres Mal von seiner Rechtsprechung im „Krankenhaus-Fall" ab, und zwar in drastischer Weise. Der Täter muss, um den Anforderungen an das Rettungsverhalten zu

---

[423] Sachverhalt nach den Feststellungen aus dem Urteil des LG Göttingen; zitiert in: BGH, Beschluss vom 9. Dezember 1998, 5 StR 584/98

[424] Die Begründung des Urteils des LG Göttingen findet sich in diesem Beschluss des BGH nicht. Es liegt jedoch nah anzunehmen, dass dem LG Göttingen die Rettungshandlung des Angeklagten als solche nicht ausreichend schien.

[425] BGH, Beschluss vom 9. Dezember 1998, 5 StR 584/98

genügen, nicht nur nicht, wie noch im „Krankenhaus-Fall" gefordert, die objektiv und subjektiv geeigneten Verhinderungsmöglichkeiten ausschöpfen,[426] sondern er muss nach der hier vorgetragenen Auffassung des 5. Strafsenats eigentlich fast gar nichts mehr zur Vollendungsverhinderung beitragen - jeder noch so geringe Beitrag ist genug, wenn er denn in irgendeiner Weise kausal dafür wird, dass es nicht zum Eintritt des Taterfolgs kommt.
Ist das der Fall, dann „darf" der Täter zunächst keinen Rettungswillen zeigen, sich vom Tatort entfernen, sogar rettungswillige Dritte davon abhalten, dem Opfer zu helfen; solange er am Ende einen kausalen Rettungsbeitrag leistet, spielt sein vorhergegangenes Verhalten keine Rolle mehr. Dass diese Ansicht des Bundesgerichtshofs eine täterfreundliche ist, bedarf keiner weiteren Erklärung.

5. BGH, Beschluss vom 14. August 2002, 2 StR 251/02, Beschluss vom 26. September 2002, 1 ARs 36/02, und Beschluss vom 20. Dezember 2002, 2 StR 251/02 („Gashahn-Fall")

Der Angeklagte hatte, um sich selbst zu töten, in seiner in einem Zwölf-Familien-Haus gelegenen Wohnung zwei Gashähne geöffnet, ohne zunächst daran zu denken, dass dadurch möglicherweise andere Hausbewohner gefährdet werden könnten. Als dem Angeklagten bewusst wurde, dass das ausströmende Gas eine Explosion verursachen könnte, und andere Hausbewohner hierdurch verletzt werden könnten, nahm er dies zunächst billigend in Kauf. Kurze Zeit später wollte er eine Gefährdung seiner Nachbarn jedoch nicht mehr billigen, alarmierte Feuerwehr und Polizei und forderte diese auf, für die Rettung der Hausbewohner zu sorgen. Da sich der Angeklagte weiterhin das Leben nehmen wollte, kam er der telefonischen Aufforderung durch die Feuerwehr, das Gas abzudrehen, nicht nach. Die Feuerwehr traf wenige Minuten nach dem Anruf des Angeklagten ein, evakuierte die Hausbewohner, fand den Angeklagten bewusstlos in seiner Wohnung und drehte die Gashähne zu; ob das Gasgemisch in der Wohnung des Angeklagten zu diesem Zeitpunkt bereits explosionsfähig war, ließ sich nicht feststellen.[427]
Das Landgericht Aachen verurteilte den Angeklagten wegen versuchten Mordes mit gemeingefährlichen Mitteln in Tateinheit mit versuchter Herbeiführung einer Sprengstoffexplosion und lehnte einen Rücktritt mit der Begründung ab, der Angeklagte habe sich nicht hinreichend um die Vollendungsverhinderung bemüht.[428]
Der 2. Strafsenat hingegen tendiert dazu, einen Rücktritt vom unechten Unterlassungsdelikt zu bejahen, da er es für ausreichend hält, dass die Handlung des Angeklagten - der Anruf bei Polizei und Feuerwehr - für die

---

[426] so noch BGH St 31, 46, 49
[427] Sachverhalt nach den Feststellungen aus dem Urteil des LG Aachen vom 15. März 2002; zitiert in: BGH, Beschluss vom 14. August 2002, 2 StR 251/02, S. 3
[428] Urteil des LG Aachen vom 15. März 2002; zitiert in: BGH, Beschluss vom 14. August 2002, 2 StR 251/02, S. 3

Vollendungsverhinderung kausal war.[429] Nach Auffassung des Senats kommt es nicht darauf an, dass dem Angeklagten mit dem eigenhändigen Zudrehen der Gashähne eine schnellere und sicherere Möglichkeit, den Erfolgseintritt abzuwenden, zur Verfügung gestanden hätte, da die Anforderungen an ein „ernsthaftes Bemühen" im Sinne des § 24 I S. 2 nicht auf einen Rücktritt nach § 24 I S. 1 übertragbar seien.[430]
Allerdings ist der 2. Strafsenat nicht sicher, ob seiner geplanten Entscheidung nicht das Urteil des Bundesgerichtshofs vom 27. April 1982 im „Krankenhaus-Fall"[431] entgegensteht, in dem es heißt, der Täter dürfe sich nicht mit solchen Maßnahmen, die er als unzureichend erkennt, begnügen, wenn ihm effektivere Möglichkeiten der Erfolgsverhinderung offen stehen.[432] Dabei weist der Senat darauf hin, dass die Entscheidung im Krankenhausfall in Teilen der Literatur dahingehend interpretiert worden sei, dass der Täter auch in Fällen kausaler Vollendungsverhinderung die optimale Rettungshandlung wählen müsse.[433]
Der 2. Strafsenat möchte jedoch entgegen dieser Deutung festhalten, dass sich auch in Fällen eines versuchten unechten Unterlassungsdelikts aus der Ingerenzhaftung des Garanten keine Besonderheiten für den Rücktritt ergeben,[434] und dass auch in diesen Fallkonstellationen für den Rücktritt nur erforderlich ist, dass der Täter seinen Vollendungsvorsatz vollständig aufgibt und eine Rettungshandlung wählt, die für die Verhinderung des Erfolgseintritts geeignet und kausal ist.[435]
Dieser Ansicht schießt sich der 1. Strafsenat in seiner Antwort auf den Anfragebeschluss des 2. Strafsenats an und erklärt, das Urteil im „Krankenhaus-Fall" sei nicht so zu verstehen, dass es vom Täter verlange, für den Rücktritt die optimale Rettungshandlung zu wählen.[436] Erforderlich sei nur, dass „der Täter die von ihm gewählte, objektiv und aus seiner Sicht geeignete Verhinderungsmöglichkeit [ausschöpfe]."[437] Das aber habe der Angeklagte im „Krankenhaus-Fall" nicht getan, so dass aus diesem Grund ein Rücktritt abzulehnen gewesen sei, nicht aber etwa deshalb, weil der Angeklagte eine weniger als optimale Rettungshandlung gewählt habe.[438]
Nach dieser Zustimmung[439] entscheidet der 2. Strafsenat[440] dann wie folgt: der Rücktritt vom Versuch eines unechten Unterlassungsdelikts nach § 24 I S. 1 2.

---

[429] BGH, Beschluss vom 14. August 2002, 2 StR 251/02, S. 3
[430] BGH, Beschluss vom 14. August 2002, 2 StR 251/02, S. 3
[431] BGHSt 31, 46-50
[432] BGHSt 31, 46, 49
[433] so beispielsweise *Herzberg*, NJW 1989, 862, 867; *Bloy*, JuS 1987, 528, 533; *Jakobs*, JZ 2003, 743; *Baumann/Weber/Mitsch*, AT, § 27, Rn. 28; *Heckler* 2002, S. 168ff.
[434] BGH, Beschluss vom 14. August 2002, 2 StR 251/02, S. 5
[435] BGH, Beschluss vom 14. August 2002, 2 StR 251/02, S. 6
[436] BGH, Beschluss vom 26. September 2002, 1 ARs 36/02, S. 2; für eine solche Interpretation aber zum Beispiel *Bloy*, JuS 1987, 528ff.; *Herzberg*, NJW 1989, 862ff:; *Heckler* 2002, S. 168ff.
[437] BGH, Beschluss vom 26. September 2002, 1 ARs 36/02, S. 3
[438] BGH, Beschluss vom 26. September 2002, 1 ARs 36/02, S. 3
[439] des 1., aber auch der anderen Strafsenate; siehe dazu BGH, Beschluss vom 20. Dezember 2002, 2 StR 251/02, S. 7
[440] in seinem Beschluss vom 20. Dezember 2002, 2 StR 251/02

Alt. setzt nicht voraus, dass der Täter, der die Tatvollendung erfolgreich verhindert und dies auch will, unter mehreren Möglichkeiten der Erfolgsverhinderung die sicherste oder optimale wählt.[441] Erforderlich ist allein, dass der Täter sich nicht mit solchen Maßnahmen begnügt, die, wie er erkennt, unzureichend sind, sondern eine Rettungsmöglichkeit wählt, die er für geeignet hält, den Erfolgseintritt zu verhindern, und diese Möglichkeit auch voll ausschöpft.[442] Dabei darf sich der Täter für die Vollendungsverhinderung der Hilfe Dritter bedienen, wenn „die im Ergebnis erfolgreiche Einschaltung Dritter nicht nur zum Schein erfolgt und von der Absicht getragen ist, das bedrohte Rechtsgut zu retten."[443]

Für den vorliegenden Fall bedeutet das im Ergebnis, dass die Tatsache, dass der Angeklagte die Gefahr einer Gasexplosion schneller, einfacher und effizient durch eigenhändiges Zudrehen der Gashähne hätte beseitigen können, in den Augen des Bundesgerichtshofs einem strafbefreienden Rücktritt nicht entgegensteht.[444]

Mit dieser Entscheidung legt sich der Bundesgerichtshof eindeutig auf eine weite Interpretation des Merkmals des erforderlichen Rettungsverhalten bei dem Täter fest und somit auch auf eine täterfreundliche Linie.

6. Die Rechtsprechungslinie des Bundesgerichtshofs zu den Anforderungen an das Rücktrittsverhalten des Täters

Die Anforderungen, die der Bundesgerichtshof an das Rücktrittsverhalten des Täters stellt, lassen sich in sehr knapper Form zusammenfassen: das Verhalten des Täters muss für den Nichteintritt des tatbestandlichen Erfolgs kausal sein.

Es ist nicht notwendig, dass der Täter eine effektive oder sogar optimale Form der Rettungshandlung wählt. Es ist irrelevant, ob der Täter objektiv mehr oder Geeigneteres hätte tun können, ob er sich zur Verhinderung der Tatvollendung auf die Mitwirkung des Opfers oder hilfebereiter Dritter verlässt, ob er zunächst seine Hilfe verweigert, den Tatort verlässt oder Dritte davon abhält, Rettungsmaßnahmen vorzunehmen. Von Bedeutung ist nur, dass die - wie auch immer geartete - Rücktrittshandlung des Täters in irgendeiner Weise das Ausbleiben des Taterfolges zumindest mitbedingt.

Mit dieser klaren Linie gibt der Bundesgerichtshof dem Täter sowohl im Hinblick auf den möglichen Zeitraum als auch auf den vom Täter zu betreibenden Aufwand eine große Chance, über den Rücktritt Straffreiheit zu erlangen.

---

[441] BGH, Beschluss vom 20. Dezember 2002, 2 StR 251/02, S. 1

[442] BGH, Beschluss vom 20. Dezember 2002, 2 StR 251/02, S. 9

[443] BGH, Beschluss vom 20. Dezember 2002, 2 StR 251/02, S. 6

[444] BGH, Beschluss vom 20. Dezember 2002, 2 StR 251/02, S. 9

C. Fazit

Zusammenfassend lässt sich festhalten, dass der Bundesgerichtshof in seiner Rechtsprechung bei der Auslegung jedes einzelnen Tatbestandsmerkmals des § 24 I S. 1 den jeweils rücktrittsfreundlicheren Weg wählt.

Beim fehlgeschlagenen Versuch wendet der Bundesgerichtshof auf mehraktige Tatgeschehen die Gesamtbetrachtungslehre an, so dass nicht schon das Scheitern einer einzelnen Tathandlung zu einem Fehlschlag und somit zum Ausschluss des Rücktritts führt. Dasselbe gilt für die Abgrenzung des unbeendeten vom beendeten Versuch mit der Folge, dass der gesamte Tatablauf auch nach einem gescheiterten Teilakt noch als unbeendeter Versuch beurteilt werden kann; der Täter kann also auch dann noch durch bloßes Nichtweiterhandeln gemäß § 24 I S. 1 1. Alt. strafbefreiend zurücktreten. Ob der Versuch beendet ist, richtet sich nicht mehr nach dem Tatplan des Täters, sondern nach seinem Rücktrittshorizont; auch dies verlängert innerhalb des Tatgeschehens den Zeitraum, in dem der Versuch als unbeendet gilt. Der Versuch ist zusätzlich nicht schon allein dadurch beendet, dass der Täter das außertatbestandliche Handlungsziel erreicht hat.

Freiwillig im Sinne der Rechtsprechung handelt der zurücktretende Täter, wenn er, ohne dass ein äußerer oder innerer Zwang vorliegt, von der Tatvollendung Abstand nimmt, obwohl ihm die Möglichkeit der Vollendung bewusst ist; der Bundesgerichtshof hält es nicht für erforderlich, dass der Täter aus rein autonomen oder ethisch hochwertigen Motiven zurücktritt, oder dass in seinem Rücktritt ein honorierbarer Verzicht auf die Tatvollendung zu sehen ist.

Auch die Anforderungen des Bundesgerichtshofs an das Rücktrittsverhalten des Täters sehen lediglich vor, dass seine Rettungshandlung kausal für den Nichteintritt des Taterfolgs ist; der Täter muss nicht die effektivste oder optimale Rettungsmaßnahme wählen, selbst wenn ihm diese offen steht.

Und schließlich ist festzustellen, dass die Rechtsprechung dort, wo sie prinzipiell strenge Anforderungen an den zurücktretenden Täter stellt, im konkreten Einzelfall die Erfüllung dieser Anforderungen durch den Täter eher großzügig bejaht.

Wie bereits im Ersten Kapitel geschildert, stellt sich der Bundesgerichtshof mit dieser täterfreundlichen Rechtsprechungslinie häufig gegen die in der Literatur herrschende Meinung gestellt und erfährt dafür eine Menge Kritik, insbesondere im Hinblick auf die unterschiedliche Beurteilung der Tatbestandsmerkmale des § 24 in den jeweiligen konkreten Fällen.[445]

---

[445] An dieser Stelle seien nur einige kritische Stimmen zitiert:

„[Wenn] von derselben Basis aus so völlig verschiedene Ergebnisse gewonnen werden, dann erhebt sich der Zweifel, ob die Basis überhaupt tragfähig ist." (*Bockelmann*, NJW 1955, 1417);

„Betrachtet man allerdings die bisher entschiedenen Fälle genauer, so drängt sich nicht der Eindruck auf, dass hier verschiedene Verhaltensweisen differenziert beurteilt würden, sondern vielmehr der, dass letztlich Zufälligkeiten oder eine geschickte Einlassung des Täters über Strafe bzw. Straffreiheit entschieden haben [...]." (*Otto*, GA 1967, 145).

Dass sich Rechtsprechung und Literatur im Hinblick auf Auslegungsfragen nicht einig sind, ist allerdings nur ein Aspekt der Täterfreundlichkeit des Bundesgerichtshofs. Nähere Betrachtung verdient die Frage, warum der Bundesgerichtshof gerade beim Rücktritt (und speziell beim Rücktritt von versuchten Tötungsdelikten) so „weich" urteilt.
Diese Großzügigkeit gegenüber dem Täter passt nicht zu dem, was *Rotthaus* am Beispiel der wegen Mordes zu lebenslanger Freiheitsstrafe Verurteilten die „punitiver gewordene Einstellung der Gesellschaft" nennt.[446] Dass das aktuelle allgemeine kriminalpolitische Klima weniger nach Freisprüchen denn nach einer Verschärfung der Strafen ruft, zeigt sich nicht nur an der von *Rotthaus* festgestellten ansteigenden Zahl der Vollstreckungen von aufgrund Mordes erfolgten Verurteilungen zu lebenslanger Haft,[447] sondern beispielsweise auch in der Medienberichterstattung über Ermittlungsverfahren und Strafprozesse, besonders dort, wo es um Sexualstraftaten oder Delikte, bei denen Kinder die Opfer sind, geht,[448] oder der zunehmend lauter werdenden Forderung der Politik, beispielsweise bei jugendlichen Straftätern „schnell und hart

---

[446] *Rotthaus*, NStZ 2005, 482: 51% im Jahr 1990, 77% im Jahr 2001
[447] *Rotthaus*, NStZ 2005, 482f.
[448] Die Auflistung sei hier auf Auszüge aus der Berichterstattung zu zwei Fällen aus dem Jahr 2005 beschränkt.
Zum Strafverfahren gegen Maik S., der am 15. November 2005 vom LG Rostock zu lebenslanger Freiheitsstrafe mit anschließender Sicherungsverwahrung verurteilt wurde:
„Lieber Gott, lass es nicht schon wieder passiert sein!" (www.bild.t-online.de vom 17. Juli 2005);
„Mutmaßlicher Mörder kam erst vor wenigen Tagen aus dem Knast!" (www.bild.t-online.de vom 19. Juli 2005);
„Wurde im Fall Maik S. geschlampt? [...] Zur Tatzeit war er gerade vier Tage wieder in Freiheit!" (www.bild.t-online.de vom 20. Juli 2005);
„Er wird im Knast sterben! [...] Noch im März war S. (wegen Raub und Vergewaltigung verurteilt) in der Haft als gemeingefährlich eingestuft worden, trotzdem entlassen worden." (Berliner Kurier vom 16. November 2005);
Zum Strafverfahren gegen Marc Hoffmann, der am 29. Juni 2005 vom LG Stade zu lebenslanger Haft mit anschließender Sicherungsverwahrung verurteilt wurde:
„Wie viele Kinder hat [Marc Hoffmann] noch auf dem Gewissen?" (Berliner Kurier vom 9. Januar 2005);
„Wie viele Kinder tötete die Bestie?" (Berliner Kurier vom 11. Januar 2005);
„Wie wurde aus diesem netten Jungen der Kinder-Schlächter? [...] Doch das Böse wurde immer wieder sichtbar." (BZ vom 11. Januar 2005);
„Hoffmann ist eine Zeitbombe" (Berliner Kurier vom 12. Januar 2005);
„Ermordete das Monster auch Adelina?" (Berliner Kurier vom 14. Januar 2005);
„Da sitzt die fette Bestie. [...] Reglos hört der Killer zu." (www.bild.t-online.de vom 9. Mai 2005);
„Hoffmann, die fette Bestie" (www.bild.t-online.de vom 12. Mai 2005 und 27. Mai 2005);
„Warum schützt der Richter diesen Kindermörder? [...] Ungeheuerlich: im Gespräch mit dem Psychiater versuchte Hoffmann zu tricksen, eine psychische Krankheit vorzutäuschen." (www.bild.t-online.de vom 15. Mai 2005).
Dass „Monster", „Killer", „Kinder-Schlächter" und „fette Bestien" möglichst auf ewig hinter Gitter gehören, bedarf wohl bei einer so eindeutigen Wortwahl keiner expliziten Erwähnung mehr; die kriminalpolitische Tendenz einer solchen Berichterstattung ist unzweideutig.

durchzugreifen“[449] oder ausländische Straftäter sofort auszuweisen.[450] Die Legislative hat auf die Forderung nach längeren und schärferen Strafen reagiert, indem sie zum Beispiel die gesetzliche Regelung zur Sicherungsverwahrung nach § 66 verschärft und die strafrechtlichen Normen zur vorbehaltenen Sicherungsverwahrung (§ 66a) und zur nachträglichen Sicherungsverwahrung (§ 66b) eingeführt hat[451] und im Wege gesetzlicher Neuerungen die ehemals beim Diebstahl mit Waffen und beim schweren Raub existente Scheinwaffenproblematik dahingehend gelöst hat, dass Scheinwaffen dem Begriff des sonstigen Werkzeugs oder Mittels im Sinne des § 244 I Nr. 1 b[452] und des § 250 I Nr. 1 b[453] unterfallen.
Die Täterfreundlichkeit des Bundesgerichtshofs steht also weder mit dem kriminalpolitischen Klima noch mit der Entwicklung in der Legislative in den letzten Jahren in Einklang. Es stellt sich die Frage, aus welchen Gründen es den Strafsenaten gerade beim Rücktritt von Tötungsdelikten wichtig ist, dem Täter die Option des strafbefreienden Rücktritts so lang und weit wie möglich offenzuhalten, wenn doch die Änderungen des Strafgesetzbuchs und die Stimmung in der Bevölkerung nahe legen, im gegenteiligen Sinne zu verfahren und auch dem Versuchstäter straffreudig zu begegnen.

---

[449] So tritt nicht nur der bayerische Ministerpräsident *Stoiber* für die Möglichkeit einer nachträglichen Sicherungsverwahrung bei jugendlichen und heranwachsenden Straftätern ein (siehe dazu den „Entwurf eines Gesetzes zur Vermeidung von Rückfalltaten gefährlicher junger Gewalttäter“, Gesetzesantrag der Freistaaten Bayern, Thüringen vom 21. April 2005, BR-Drucksache 276/05). Der ehemalige Hamburger Justizsenator *Kusch* setzte sich während seiner Amtszeit für die Abschaffung der eigenständigen Jugendgerichtsbarkeit in Strafsachen ein (*Kusch*, NStZ 2006, 65ff.).

[450] Auch dazu hat sich der ehemalige Justizsenator der Freien Hansestadt Hamburg, Roger Kusch, unmissverständlich geäußert: „Einen türkischen Mörder zu erziehen - haben wir nichts Anderes zu tun?“ („Menschen bei Maischberger“, ARD, 25. April 2006)

[451] siehe vor allem zur nachträglichen Sicherungsverwahrung *Kinzig*, NStZ 2004, 655ff.; *Ullenbruch*, NStZ 2002, 466ff.; *Ullenbruch*, NStZ 2005, 563ff.; *Veh*, NStZ 2005, 307ff.; zur Rechtsprechung in Bezug auf die nachträgliche Sicherungsverwahrung BGH, Beschluss vom 2. Juni 2004, 2 StR 123/04; Urteil vom 22. Oktober 2004, 1 StR 140/04; Urteil vom 7. Dezember 2004, 1 StR 395/04; Urteil vom 11. Mai 2005, 1 StR 37/05; Urteil vom 1. Juli 2005, 2 StR 9/05

[452] siehe dazu MüKo-*Schmitz*, § 244, Rn. 28 mit weiteren Nachweisen

[453] siehe dazu Schönke/Schröder-*Eser*, § 250, Rn. 15

Drittes Kapitel: Erklärungen für die Täterfreundlichkeit des Bundesgerichtshofs beim Rücktritt von versuchten Tötungsdelikten

Wie im Zweiten Kapitel beschrieben, ist die täterfreundliche Rechtsprechungslinie des Bundesgerichtshofs in Fällen des strafbefreienden Rücktritts von versuchten Tötungsdelikten keineswegs als selbstverständlich zu betrachten, sondern steht in einem eklatanten Gegensatz sowohl zum allgemeinen kriminalpolitischen Klima als auch zu der bestrafungsfreudigen Tendenz innerhalb der Legislative.

Wenn also die Täterfreundlichkeit des Bundesgerichtshofs nicht damit zu erklären ist, dass eine generelle Stimmung „weg von harter Bestrafung" herrscht, und die Rechtsprechung dieser Stimmung folgt, dann drängt sich die Vermutung auf, es müsse andere Erklärungen dafür geben, warum der Bundesgerichtshof dem straflosen Rücktritt einen so breiten Anwendungsspielraum zugesteht. Nach solchen Erklärungen wird im Folgenden gesucht.

A. Der Gerichtsprozess als Form der sozialen Interaktion - Erklärungsansätze aus der Sozialwissenschaft

Um zu erklären, warum die Richterinnen und Richter des Bundesgerichtshofs zu bestimmten Entscheidungen im Rahmen der Beurteilung von Rücktrittsfragen kommen, ist es sinnvoll, zunächst zu klären, wie Menschen überhaupt zu Entscheidungen und Urteilen kommen.

Bei der Beurteilung der Frage, ob ein Angeklagter strafbefreiend vom Versuch zurückgetreten ist oder nicht, ist es die Aufgabe der entscheidenden Richterinnen und Richter, das Tatgeschehen zu rekonstruieren und sich im Wege dieser Rekonstruktion ein Bild zu machen nicht nur von dem, was faktisch geschehen ist, sondern auch von dem, was im Täter vorgegangen ist - anders kann die subjektive Tatseite nicht erforscht werden. Da das entscheidende Gremium beim eigentlichen Tatgeschehen nicht zugegen ist, muss es sich vor allem auf mündliche Berichte von Zeugen und Angeklagten stützen, um zu einem angemessenen Urteil zu kommen. Das gilt selbstverständlich generell für jeden strafgerichtlichen Prozess; bei der Beurteilung der Frage, ob der Angeklagte zurückgetreten ist oder nicht, sind die Richterinnen und Richter allerdings besonders stark auf dessen Einlassung angewiesen, da die subjektive Seite der Tat eine ausgeprägte Rolle spielt - bei der Abgrenzung zwischen unbeendetem und beendetem Versuch, beim Tatbestandsmerkmal der Freiwilligkeit und bei den vom Täter angestrengten Rettungsmaßnahmen ist dessen innere Einstellung zum und Vorstellung vom Tatablauf von wesentlicher Bedeutung.

Die Rekonstruktion des Tatgeschehens erfolgt vor allem im Wege verbaler Kommunikation; dementsprechend liegt es nahe, mit der Analyse dieser speziellen Form der interaktiven Kommunikation innerhalb des Gerichtssaals - also einer sozialwissenschaftlichen Analyse - zu beginnen.

Das aber ist nur erfolgversprechend, wenn überhaupt die Möglichkeit einer Übertragung genereller sozialwissenschaftlicher Grundsätze auf das spezielle Gebiet der Rechtswissenschaft besteht.

I. Anwendbarkeit sozialwissenschaftlicher Modelle auf juristische Entscheidungen

Eine rein rechtswissenschaftliche Erklärung dafür, wie Urteile gefällt werden, kann es nicht geben. Zwar gehören Urteilsfällung und –verkündung als abschließender Schritt untrennbar und eindeutig zum rechtlichen Verfahrensprozess, und selbstverständlich wird das Urteil anhand rechtlicher Wertungen getroffen. Bevor allerdings im Zuge der Urteilsfindung bewertet werden kann, ob ein bestimmter Sachverhalt oder ein konkretes Verhalten einen gesetzlichen Tatbestand erfüllen, müssen dieser Sachverhalt und dieses Verhalten so zweifelsfrei, wie es eben geht, festgestellt werden. Für diesen Teil des Entscheidungsprozesses ist die pure Kern-Rechtswissenschaft nicht geeignet, denn hier kommt es beispielsweise auf die Art und Weise der Kommunikation an: was geben Angeklagte und Zeugen an? Wie werden sie von Richterinnen und Richtern befragt, und wie wahrgenommen?
Der Entscheidung des Gerichts darüber, ob der Angeklagte strafbefreiend vom versuchten Tötungsdelikt zurückgetreten ist, geht also ein kommunikativer Prozess zwischen Richterinnen und Richtern auf der einen und Angeklagten auf der anderen Seite voraus, der nicht mit den Mitteln der Rechtswissenschaft untersucht werden kann.
Aus diesem Grund ist der Zugriff auf Methoden anderer Wissenschaften zur Klärung juristischer Sachverhalte und Fragen nicht nur möglich, sondern notwendig.
In der Formulierung *Horn*s bedeutet das, dass „Juristen [...] zum Verständnis der sozialen Wirklichkeit, in der sie handeln, und die sie mitverantworten, auch Methoden und Ergebnisse von Nachbarwissenschaften nutzen [müssen]".[454]
Hassemer und *Lüderssen* konstatieren im Jahr 1978, „die Einbeziehung der Sozialwissenschaften" werde für das Strafrecht seit Jahrzehnten (zu Recht) gefordert,[455] und stellen im Jahr 1983 gemeinsam mit *Naucke* fest: „Die sozialwissenschaftliche Orientierung des Strafrechts ist ein Fortschritt!"[456]
Bierbrauer hält die Verknüpfung von Rechts- und Sozialwissenschaft für geradezu unabdingbar: „[D]ie Glaubwürdigkeit von Zeugenaussagen, die richterliche Vernehmung und die richterliche Überzeugungsbildung sind [...] psychologische Prozesse par excellence [...]"[457] und somit nur durch psychologische und sozialwissenschaftliche Modelle und Theorien erklärbar, denn: „Wie wir zu Erkenntnissen über uns und andere gelangen und nach welchen Regeln das kognitive System soziale Informationen sammelt, verändert, ergänzt und bewertet, ist zentraler Gegenstand der Sozialpsychologie."[458]

---

[454] Vorwort zu *Hassemer/Lüderssen* 1978; in diesem Sinne auch *Bierbrauer* 1977, S. 5 und *Hubert Rodingen*: „Das Rechtsverfahren: Lern- oder Unterwerfungsprozess?" in: *Bierbrauer et al.* 1978, S. 23ff.
[455] *Hassemer/Lüderssen* 1978, Einleitung, S. XIII
[456] Vorwort zu *Hassemer/Lüderssen/Naucke* 1983, S. V
[457] *Bierbrauer* 1984, S. 23
[458] *Bierbrauer* 1984, S. 24; zu *Bierbrauer*s Erstaunen und Unverständnis darüber, dass die Vermittlung solcher sozialpsychologischen Prozesse in der juristischen Ausbildung fehlt, siehe *Bierbrauer*, JuS 1992, 355

Darum, Erkenntnisse über andere zu erlangen und Informationen zu erhalten, zu bewerten und zu gewichten, geht es dort, wo Richterinnen und Richter darüber zu befinden haben, ob ein strafbefreiender Rücktritt zu bejahen oder abzulehnen ist. Wie im Ersten und Zweiten Kapitel dargestellt, hängt die Entscheidung für oder gegen einen Rücktritt häufig von dem ab, was sich der Täter im Zeitpunkt des Tatgeschehens vorgestellt hat: ob der Versuch fehlgeschlagen und ein Rücktritt somit ausgeschlossen ist, hängt davon ab, ob es dem Täter aus seiner Sicht noch möglich war, die Tat zu vollenden;[459] die Beendigung des Versuchs richtet sich danach, ob der Täter alles nach seiner Vorstellung für den Erfolgseintritt Erforderliche getan hat;[460] ob der Täter freiwillig zurücktritt, ist anhand der Frage zu beurteilen, ob er einem inneren oder äußeren, in jedem Fall aber subjektiv empfundenen Zwang unterliegt; und die Rettungsbemühungen des Täters müssen zwar in objektiver Hinsicht kausal für den Nichteintritt des tatbestandlichen Erfolgs sein, werden jedoch auch daran gemessen, ob der Täter sie subjektiv für geeignet für die Vollendungsverhinderung hält.

Zur Beurteilung dieser Tatbestandsmerkmale des § 24 muss also das Gericht herausfinden, was der Täter in der Tatsituation gedacht und empfunden hat; dabei muss die Rechtsprechung neben dem, was unter den Begriff der allgemeinen Lebenserfahrung fällt, vor allem auf das rekurrieren, was der Angeklagte selbst vorbringt, und sich ein Bild von dessen Innenleben machen. Die Wahrnehmung, die Richterinnen und Richter von dem zu beurteilenden Tatgeschehen haben, ist dementsprechend nur eine indirekte, weil vermittelte: „Und hier liegt [das] Problem [des Richters]: Da ihm die inneren Prozesse und Zustände des Akteurs nicht direkt zugänglich sind, muss er sie erschließen. Motive, Absichten, Ziele, Überzeugungen und vor allem Charaktereigenschaften bzw. Persönlichkeitsdispositionen sind psychologische Konstrukte, die in sinnvoller Weise mit dem beobachtbaren Verhalten korrespondieren müssen.“[461]

Es stellt sich also die Frage, wie ein solches Bild bei Beobachtern, wie es Richterinnen und Richter sind, entsteht.

---

[459] und zwar nach der Ausführung der letzten Tathandlung – auch hier kommt es auf das Tatgeschehen an, das sich der Täter vorgestellt hat; siehe dazu oben S. 36ff. und S. 66ff.

[460] auch hier gemessen an der Vorstellung des Täters im Zeitpunkt der letzten Ausführungshandlung; siehe dazu oben S. 42ff. und S. 68ff.

[461] *Bierbrauer* 1996, S. 79f.; siehe dazu auch *Icek Ajzen*: „Man muss bedenken, dass Attributionen über Merkmale einer anderen Person oft auf der Basis von sehr indirekten Informationen gemacht werden (man kennt das Verhalten der Stimulusperson, die verfügbaren Alternativen und den Verhaltenskontext nur vom >Hörensagen<).“ (*Ajzen*: „Attributionen von Eigenschaften an eine handelnde Person: Die Wirkungen von wahrgenommener Entscheidungsfreiheit und Verhaltensbewertung“ in: *Herkner* 1980, S. 111ff.)

Kelly G. Shaver stellt fest: „Perceivers often infer an actor's motives and dispositions from actions they have not personally witnessed [...].“ (*Shaver* 1985, S. 7) und: „[It] is possible for human actions to be free of external deterministic causes [but taking place on account of] the inner psychological life of an individual, an inner experience that is [...] considered logically inaccessible to the outside observer. Postulation of internal, unobservable, psychological states [...] is certainly consistent with traditional attribution theory, and presents no insurmountable problems for an attributional analysis [...].“ (*Shaver* 1985, S. 79)

II. Der Gerichtsprozess als Form der sozialen verbalen Interaktion

Wie bereits oben kurz angerissen, ist es Aufgabe der Richterinnen und Richter in einem strafrechtlichen Prozess, ein bestimmtes Tatgeschehen, bei dem sie nicht unmittelbar präsent waren, zu rekonstruieren. Das Gericht muss sich einen Eindruck verschaffen von dem, was wirklich vorgefallen ist, um dann entscheiden zu können, wie der jeweilige konkrete Sachverhalt unter die jeweiligen Voraussetzungen einer gesetzlichen Norm zu subsumieren ist.

Das Mittel zur Eindrucksverschaffung ist dabei die verbale Kommunikation im Gerichtssaal, insbesondere die zwischen Richterinnen und Richtern und Zeugen und Angeklagten; nur im Wege der Befragung durch das Gericht und der Beantwortung dieser Fragen durch Zeugen und Angeklagte, die bei dem zu beurteilenden Geschehen zugegen waren, kann vor dem inneren Auge der Richterinnen und Richter ein plastisches Bild entstehen, das die Grundlage für ihre Entscheidung darstellt.[462]

Aufgrund seiner Abhängigkeit von individuellen Aussagen ist dieses Bild zwangsläufig eines einer subjektiven Wirklichkeit. Der, wie es *Berger* und *Luckmann* formulieren, „Wissensvorrat",[463] den die am Tatgeschehen Beteiligten - Angeklagte und Zeugen - im Wege der verbalen Schilderung mit den am Tatgeschehen nicht Beteiligten - Richterinnen und Richtern - teilen, besteht immer aus dem, was die Beteiligten in dem zu beschreibenden Moment als wirklich wahrgenommen haben, also aus einer durch subjektive Empfindungen beeinflussten und damit wertenden Beschreibung eines Geschehens.

Eine weitere subjektive Komponente gewinnt der Prozess der Entscheidungsfindung dadurch, dass die Richterinnen und Richter als Rezipienten einer bereits subjektivierten Darstellung des Geschehens diese Darstellung selbst im Hinblick auf ihre Glaubhaftigkeit und die Glaubwürdigkeit dessen, der die Schilderung vorbringt, bewerten. Dabei spielen objektive Faktoren selbstverständlich auch eine Rolle - so zum Beispiel die Frage danach, ob ein bestimmtes Geschehen faktisch überhaupt möglich gewesen sein kann; von größerer Bedeutung ist jedoch, ob Richterinnen und Richter dem, was ihnen beschrieben wird, Glauben schenken oder nicht.

Eine solche Doppel-Subjektivierung findet immer dann statt, wenn in einer Kommunikationssituation eine Partei einen Wissens- oder Erfahrungsvorsprung hat und dieses Wissen oder diese Erfahrung mit der anderen Partei teilen möchte oder muss. Sie gewinnt allerdings dann stark an Bedeutung, wenn die „Wissensvorsprungspartei" mit ihrer Schilderung eines Geschehens eine bestimmte Bewertung dieses Geschehens bei der „Rezipientenpartei" bezwecken möchte. In solchen Fällen ist die subjektive Darstellung darauf gerichtet, eine bestimmte, ebenfalls subjektive Wahrnehmung bei den Emp-

---

[462] *Berger* und *Luckmann* sprechen von der Überbrückungsfunktion von Sprache: „Weil Sprache das >Hier und Jetzt< überspringen kann, ist sie fähig, eine Fülle von Phänomenen zu >vergegenwärtigen<, die räumlich, zeitlich und gesellschaftlich vom >Hier und Jetzt< abwesend sind. [...] Kurz gesagt, durch Sprache kann eine ganze Welt in einem Augenblick >vorhanden< sein." (*Berger/Luckmann* 2004, S. 41)

[463] *Berger/Luckmann* 2004, S. 43; siehe zum Wissensbegriff *Berger/Luckmann* 2004, S. 3 ff.

fängern hervorzurufen, und es empfiehlt sich deshalb, die Form der Schilderung so zu wählen, dass das gewünschte Ergebnis auch erzielt wird.
Für den konkreten Fall der Beurteilung eines möglichen Rücktritts durch das Gericht bedeutet das: der Angeklagte besitzt gemessen an den Richterinnen und Richtern in dem Sinne einen Wissensvorsprung, dass er bei dem Tatgeschehen, das die Basis für die Entscheidung des Gerichts bildet, zugegen war. Er hat ein Interesse daran, dass die Richterinnen und Richter zu einem für ihn vorteilhaften Resultat kommen, einen Rücktritt also bejahen. Um dieses Resultat zu erzielen, muss er dafür sorgen, dass der Prozess der oben beschriebenen Doppel-Subjektivierung zu seinen Gunsten ausfällt. Er muss also einerseits einen für ihn positiven Tatablauf schildern und andererseits versuchen, die subjektive Bewertung dieser Schilderung durch das Gericht so zu beeinflussen, dass es zu dem von ihm gewünschten Ergebnis kommt.
Im Rahmen der interaktiven Kommunikation im Gerichtssaal besteht die Aufgabe des Angeklagten dementsprechend darin, sein kommunikatives Handeln an zwei Maßstäben auszurichten: dem der Glaubhaftigkeit des Inhalts und dem der Glaubwürdigkeit der Präsentation seiner Ausführungen. Je besser ihm die Erfüllung dieser Aufgabe gelingt, desto wahrscheinlicher ist es, dass das Gericht in seinem Sinne entscheidet und ihm die Straffreiheit aufgrund des Rücktritts gewährt.
Es stellt sich demnach die Frage, welche kommunikativen Strategien der Angeklagte nutzen kann, um den Prozess der Entscheidungsfindung zu seinen Gunsten zu beeinflussen.

III. Techniken der Imagepflege

Um den Prozess beeinflussen zu können, muss der Angeklagte zunächst definieren, zu welchem Resultat diese Beeinflussung führen soll, was also mit der Gewährung des Rücktrittsprivilegs verbunden ist. Natürlich ist das offensichtliche Primärziel die Erlangung der Straffreiheit, zumindest im Hinblick auf das versuchte Tötungsdelikt, als faktisches Ergebnis der Anwendung des § 24 durch das Gericht - Zweck der Anerkennung des Rücktritts ist allerdings auch die gleichzeitige Anerkennung der zumindest partiellen Wiedergutmachung des durch die Versuchstat angerichteten Schadens und damit die Reinstallierung des Angeklagten als ein die Regeln des sozialen Miteinander befolgender Teil der Gesellschaft.
Mit der Begehung der versuchten Straftat hat der Angeklagten soziale Verhaltensnormen verletzt. Damit hat er nicht nur dem Opfer einen Schaden zugefügt, sondern letztlich auch sich selbst: er wird als jemand wahrgenommen, der sich nicht an zwischenmenschliche Spielregeln hält. Diesen negativen Eindruck kann er nur beseitigen, wenn er diese Wahrnehmung verändert; und das kann ihm gelingen, indem er vor Gericht erfolgreich demonstriert, dass er von der ihm möglichen Vollendung der Tat Abstand genommen hat, sprich: von der Tat zurückgetreten ist.
Der Angeklagte muss darauf hinarbeiten, das negative Bild, das das Gericht aufgrund der von ihm begangenen Versuchstat zwangsläufig haben wird, mindestens zu Teilen in ein positives Bild zu verwandeln. Mit den Worten *Goffman*s bedeutet das: der Angeklagte muss dafür Sorge tragen, dass sein

Image[464] wiederhergestellt wird, dass ihm also vom Gericht positive und sozial anerkannte Eigenschaften zugeschrieben werden. Dabei kann er sich bestimmter Techniken der Imagepflege bedienen: „[Als] Techniken der Imagepflege [sind] Handlungen [zu] bezeichnen, die vorgenommen werden, um all das, was man tut, in Übereinstimmung mit seinem Image zu bringen. Techniken der Imagepflege dienen dazu, >Zwischenfällen< entgegenzuarbeiten - das sind Ereignisse, deren effektive, symbolische Implikationen das Image bedrohen.“[465] Dem negativen „Zwischenfall“, der das Image des Angeklagten bedroht, also der versuchten Straftat, kann der Angeklagte entgegenwirken, indem er sein Image aktiv pflegt - namentlich indem er dem Gericht glaubwürdig und glaubhaft demonstriert, dass er zurückgetreten ist. Diese Imagepflege ist allerdings nur dann effektiv, wenn es dem Angeklagten tatsächlich gelingt, ein positives Image wiederherzustellen - es stellt sich also die Frage, von welchen Faktoren der Erfolg der Imagepflege abhängen könnte.

Die für die Imagepflege effiziente Methode der Vermeidung von Beschädigungen des Image[466] kann der Angeklagte in der Situation vor Gericht nicht mehr anwenden, da sein Image ja bereits durch die Begehung der Versuchstat gelitten hat; für den Angeklagten kommt es nicht auf eine Wahrung, sondern auf eine Wiederherstellung des positiven Eindrucks, den andere von ihm haben, an. *Goffman* nennt zwei relevante Aspekte einer solchen Restoration des Image: die Formen der sprachlichen Interaktion[467] und des Benehmens.[468]

1. Sprachliche Interaktion

Goffman stellt fest, „[immer] wenn die konkrete Möglichkeit sprachlicher Interaktion [auftauche], [komme] offensichtlich ein System von Praktiken, Konventionen und Verfahrensregeln ins Spiel, das als ein Mittel [fungiere], den Verlauf der Mitteilungen zu regeln und organisieren.“[469] So herrsche beispielsweise ein Konsens darüber, wann, wie lang und wie oft ein Kommunikationsteilnehmer sprechen darf[470] oder wann der Informationsfluss unterbrochen werden kann.[471] Eine Verletzung der diesem Konsens zugrundeliegenden Verhaltensregeln kann zu einer Beschädigung des Image führen, während ihre Befolgung der Restoration eines positiven Eindrucks dienen kann.

Für den Angeklagten bedeutet das, dass eine Nichtbefolgung der dem Gerichtsverfahren eigenen Verhaltensregeln seinem Ziel, das Image wiederherzustellen, abträglich sein könnte.

---

[464] *Goffman* 1971, S. 10; *Benoit* spricht von „image restoration“, „face saving“ und „reputation rebuilding“ (*Benoit* 1995)

[465] *Goffman* 1971, S. 18

[466] siehe dazu *Goffman* 1971, S. 21ff.

[467] *Goffman* 1971, S. 40ff.

[468] *Goffman* 1971, S. 85ff.

[469] *Goffman* 1971, S. 40

[470] *Goffman* 1971, S. 41

[471] *Goffman* 1971, S. 42

2. Benehmen

Goffman zufolge wirkt sich auch das Benehmen desjenigen, der Imagepflege betreiben möchte, darauf aus, ob ihm dies gelingt oder nicht. Dabei versteht er unter dem Begriff des Benehmens „jenes zeremonielle Verhaltenselement [...], das charakteristischerweise durch Haltung, Kleidung und Verhalten ausgedrückt wird, und das dazu dient, dem Gegenüber zum Ausdruck zu bringen, dass man ein Mensch mit bestimmten erwünschten oder unerwünschten Eigenschaften ist. In unserer Gesellschaft hat derjenige, der sich >gut< oder >richtig< benimmt, folgende Eigenschaften: Diskretion, Aufrichtigkeit, Bescheidenheit sich selbst gegenüber, Fairness, Beherrschung von Sprache und Motorik, Selbstbeherrschung hinsichtlich Emotionen, Neigungen und Wünschen, Gelassenheit in Stresssituationen usw."[472]
Auf die Erfüllung dieser Attribute sollte der Angeklagte also achten, wenn er sich dem Gericht in einem positiven Licht präsentieren möchte. Allerdings sind diese Anforderungen ausgesprochen hoch und in ihrer Gänze nur schwer zu erfüllen; es könnte daher für den Angeklagten eher von Bedeutung sein, nicht allzu weit von ihnen abzuweichen.

3. Zusammenfassung

Mit der Befolgung der Verhaltensregeln einer adäquaten sprachlichen Interaktion und eines angemessenen Benehmens zum Zweck der Wiederherstellung eines positiven Image kann der Angeklagte also zur Erzielung des von ihm gewünschten Resultats, der Gewährung des Rücktrittsprivilegs, beitragen. Es ist allerdings noch nicht geklärt, exakt welchen Kommunikations- und Benimmregeln er dabei in der konkreten Situation vor Gericht folgen müsste.
Im Folgenden wird daher ein Blick auf solche sozialwissenschaftlichen Untersuchungen geworfen, deren Ziel die genauere Erforschung kommunikativer Prozesse und des Zustandekommens von Bewertungen und Urteilen ist.

IV. Die Analyse kommunikativer Prozesse anhand der account-Theorie

In der Sozialwissenschaft werden Prozesse der direkten Kommunikation unter anderem mit der account-Theorie erklärt. Dabei versucht diese Forschungsrichtung, die Frage danach, wie die Gesellschaft funktioniert,[473] durch die Analyse von Sprache und Sprechen zu beantworten.[474]

---

[472] *Goffman* 1971, S. 86
[473] also die so genannte "Hobbesian question: How is society possible?" (*Scott & Lyman* 1968, S. 46)
[474] Dabei bieten die Autoren, wie sie es selbst formulieren, eine "analysis of the slightest of interpersonal rituals and the very stuff of which most of those rituals are composed - talk." (*Scott & Lyman* 1968, S. 46)

1. Die account-Theorie und ihre Anwendbarkeit auf die gerichtliche Beurteilung des Rücktritts

Zunächst ist also zu klären, womit genau sich die account-Theorie befasst - und als erstes, was ein so genanntes account eigentlich ist.[475]

Scott und *Lyman* geben als eine erste, grobe Definition an, ein account sei „a linguistic device employed whenever an action is subjected to valuative inquiry."[476] Nach diesem Verständnis lässt sich die account-Theorie exakt auf die Situation, wie sie im Gerichtssaal bei der Beurteilung von Rücktrittsfragen entsteht, anwenden: es gibt eine Aktivität, nämlich die mögliche Rücktrittshandlung des Angeklagten, und eine wertenden Infragestellung dieser Handlung durch die Richterinnen und Richter, während der Angeklagte sich der Sprache bedient, um sein Handeln und seine Motive zu erläutern.[477]

Zweifel an einer direkten Übertragung der generellen Ergebnisse der account-Forschung auf die Beurteilung von Rücktrittsfragen kommen allerdings auf, wenn man anschaut, was nach Ansicht von *Scott* und *Lyman* typische Formen von accounts sind: „excuses und justifications"[478] - Entschuldigungen und Rechtfertigungen.[479] Solche Entschuldigungen und Rechtfertigungen werden eingesetzt, "when a person is accused of having done something that is >bad, wrong, inept, unwelcome, or in some other of the numerous possible ways, untoward<."[480] Das aber trifft auf den Rücktritt an sich gerade nicht zu: die Versuchstat ist die böse, falsche, ungeschickte, unwillkommene oder in anderer Form unpassende Handlung, während der Rücktritt all diese Attribute nicht besitzt, sondern als Positivum das Negativum der versuchten Straftat ausgleichen soll.

Das, was die Entschuldigung als solche charakterisiert, nämlich die Ablehnung der Verantwortlichkeit für eine bestimmte, als negativ perzipierte Handlung,[481] und das, was für die Rechtfertigung typisch ist, also die Akzeptanz der Verantwortlichkeit für eine Handlung unter gleichzeitiger Negation deren pejorativer Qualität,[482] gilt bei der Erläuterung des Rücktritts durch den Täter eben nicht. Es geht vielmehr darum, eine eigene Verantwortlichkeit für den Rücktrittsakt zu demonstrieren, um in den Genuss des Privilegs der Straffreiheit zu kommen.[483]

---

[475] In der deutschen Übersetzung kommt wohl der Begriff "Theorie der Rechenschaftslegung" dem englischen der "account theory" am nächsten.

[476] *Scott & Lyman* 1968, S. 46

[477] siehe dazu auch *Montada/Kirchhoff* 1999, S. 5f.

[478] *Scott & Lyman* 1968, S. 47

[479] siehe dazu auch *Montada/Kirchhoff* 1999, S. 5; *Hans Werner Bierhoff*, *Ernst Buck & Renate Klein*: „Attractiveness and Respectability of the Offender as Factors in the Evaluation of Criminal Cases" in: *Wegener*, *Lösel & Haisch* 1989, S. 193ff.

[480] *Scott & Lyman* 1968, S. 47

[481] *Scott & Lyman* 1968, S. 47

[482] *Scott & Lyman* 1968, S. 47

[483] Das zeigt sich beispielsweise im Hinblick auf das Merkmal der Freiwilligkeit in § 24. *Scott* und *Lyman* stellen fest, im Sinne einer Entschuldigung oder Rechtfertigung sei „[one] defense against an accusation [...] that a person was not fully informed or that his >will< was not completely free<." (*Scott & Lyman* 1968, S. 48) Beim Rücktritt kommt es hingegen gerade darauf an, dass der Täter aus freiem Willen von der Tat abgelassen hat (siehe dazu oben S. 63ff. und S. 117ff.).

Der einzige Teilaspekt des Rücktritts, bei dem es tatsächlich auf eine Art der Entschuldigung oder Rechtfertigung ankommen kann, ist die im Rahmen der Beurteilung der Beendigung des Versuchs zu stellende Frage danach, ob der Täter es nach der letzten Ausführungshandlung für möglich hält, dass der tatbestandliche Erfolg eingetreten sein könnte; hier kann der Täter - quasi rechtfertigend oder entschuldigend - vorbringen, von einem Erfolgseintritt nicht ausgegangen zu sein, und sich so den Rücktritt offen halten.

Mit Blick auf die weiteren für den Rücktritt relevanten Tatbestandsmerkmale zeigt sich allerdings, das die account-Theorie hier keine direkte Anwendung finden kann. Bei der Freiwilligkeit ist erheblich, dass der Täter aus seinem eigenen Willen heraus tätig wird, ohne einem wie auch immer gearteten inneren oder äußeren Zwang nachgeben zu müssen - die Freiwilligkeit muss er nicht entschuldigen oder rechtfertigen, da sie ja gerade erforderlich und erwünscht ist, und wenn eine freiwillige Entscheidung nicht gegeben ist, kann er diesen Mangel auch nicht rechtfertigen oder entschuldigen, sondern es ist ihm ein Rücktritt verwehrt. Auch im Rahmen der Bewertung des Rücktrittsverhalten des Täters ist es nicht von Bedeutung, ob der Täter eine eventuell nicht ausreichende Rettungsbemühung rechtfertigen oder entschuldigen kann; entweder ist sein Verhalten für den Nichteintritt des Taterfolges kausal oder eben nicht, einer über diese faktische Feststellung hinausgehenden Erklärung bedarf es nicht.

Aus den genannten Gründen kann eine unmittelbare Anwendung der account-Theorie auf die Situation der Beurteilung von Rücktrittsfragen nur eingeschränkt erfolgen. Dieser Schluss lässt sich auch aus der zweiten, feineren Definition des accounts, die *Scott* und *Lyman* nennen, ableiten: „By an account [...] we mean a statement made by a social actor to explain unanticipated or untoward behavior [...].“[484]

Trotzdem besteht die Möglichkeit, das empirische Material, das *Scott* und *Lyman* zur Unterfütterung ihrer account-Theorie gesammelt haben, darauf zu untersuchen, ob sich aus ihm Schlüsse für die Beurteilung der Rücktrittsfrage durch Richterinnen und Richter ziehen lassen.

Thema dieser empirischen Untersuchungen ist die Beeinflussung der Glaubhaftigkeit von accounts durch bestimmte Einzelfaktoren. Für die Glaubwürdigkeit ist irrelevant, ob der Akteur ein negatives oder ein positives Ereignis zu schildern hat - ob seine Ausführungen dabei glaubhaft wirken oder nicht, ist in jedem Fall von Bedeutung.

2. Beeinflussung der accounts durch einzelne Faktoren

Ob eine Erklärung als glaubhaft oder nicht empfunden wird,[485] hängt - neben ihrem Inhalt - auch davon ab, in welcher Form sie den urteilenden Beobachtern präsentiert wird.

---

[484] *Scott & Lyman* 1968, S. 46

[485] oder, wie *Scott* und *Lyman* es formulieren, „[whether an account] may be honored oder not honored“ (*Scott & Lyman* 1968, S. 52); siehe dazu auch *Benoit* 1995, S. 43

a) Sprache

Nach den Untersuchungen von *Scott* und *Lyman* beeinflusst die Sprache, in der der Erklärende seine Ausführungen vorträgt, unmittelbar deren Glaubhaftigkeit respektive die Glaubwürdigkeit des Vortragenden.

Dabei kommt es insbesondere auf den Sprachduktus und die Wortwahl an: „certain accounts[486] are terminologically stabilized and routinely expected [...]",[487] „vocabularies [...] are likely to be routinized within cultures, subcultures and groups, and some are likely to be exclusive to the circle in which they are employed."[488]

In concreto heißt das, dass es für Kommunikationsformen und -begebenheiten ein jeweils adäquates Idiom gibt. *Scott* und *Lyman* unterscheiden zwischen fünf solcher Idiome: dem „intimate, casual, consultative, formal, and frozen style"[489] und stellen fest, dass die Verwendung eines der jeweiligen Situation nicht angemessenen Idioms der Glaubhaftigkeit des Gesagten schadet: „The idiomatic form of an account is expected to be socially suited to the circle into which it is introduced, according to norms of culture, subculture and situation. The acceptance or refusal of an offered account in part depends on the appropriateness of the idiom employed. Failure to employ the proper linguistic style often results in a dishonoring of the account [...]. [I]diomatic errors on the part of a person giving an account provide an unusual opportunity for the hearer to dishonor or punish the speaker if he so wishes."[490]

Wenn sich also ein Angeklagter vor Gericht des „falschen" Vokabulars oder des „falschen" Sprachduktus bedient, kann das negative Auswirkungen auf seine Glaubwürdigkeit haben; das aber ist insbesondere bei der Klärung von Rücktrittsfragen, in denen es häufig um innere Vorstellungen des Täters geht, für die kein anderer Beweis als dessen Einlassungen verfügbar sind, fatal.

Es stellt sich demnach die Frage, welches Idiom für den Angeklagten in der Kommunikation mit Richterinnen und Richtern das passende ist.

Dass es sich dabei weder um den intimen[491] noch um den lässig-beiläufigen Stil[492] handeln kann, ist offensichtlich. Aus den Definitionen, die den konsultativen, den formalen und den gefrorenen Stil beschreiben, lässt sich aller-

---

[486] oder eben auch andere Erklärungen

[487] *Scott & Lyman* 1968, S. 46

[488] *Scott & Lyman* 1968, S. 53; als Beispiel für die Limitierung der Möglichkeit des Sichverständlichmachens und Verstandenwerdens führen *Scott* und *Lyman* an: „A drug addict may be able to justify his conduct to a bohemian world, but not to the courtroom." (*Scott & Lyman* 1968, S. 53)

[489] *Scott & Lyman* 1968, S. 55

[490] *Scott & Lyman* 1968, S. 57

[491] „The intimate style is the socially sanctioned linguistic form employed among persons who share a deep, intense and personal relationship. The group in which it is employed is usually a dyad - lovers, a married pair, or very close friends. [...] The verbal style employs single sounds or words, and jargon, to communicate whole ideas." (*Scott & Lyman* 1968, S. 56) - Diese Beschreibung passt wohl kaum auf die kommunikative Beziehung zwischen Angeklagten und Richterinnen und Richtern.

[492] „The casual style is used among peers, ingroup members and insiders. It is a style employed by those for whom the social distance is greater then that among intimates but is still within the boundaries of primary relationship." (*Scott & Lyman* 1968, S. 56) - Auch in dieser Definition ist das Verhältnis zwischen Angeklagtem und Gericht nicht widergespiegelt.

dings ersehen, dass alle drei Varianten auf die kommunikative Situation im Gerichtssaal passen.
„*Consultative* style is that verbal form ordinarily employed when the amount of knowledge available to one of the interactants is unknown or problematic to the others. Typically in such an interaction the speaker supplies background information which he is unsure the hearer possesses [...]."[493] In dieser Lage befindet sich der Angeklagte, der zur subjektiven Seite des Rücktritts vor Gericht Stellung nehmen soll: im Gegensatz zu den Richterinnen und Richtern weiß er, was bei der Tatbegehung und dem anschließenden Geschehen in ihm vorgegangen ist; er besitzt also für die Entscheidung des Gerichts bedeutende Informationen, die er den anderen Verfahrensbeteiligten im Wege einer verbalen Erklärung zukommen lassen muss.
„*Formal* style is employed when [...] speaker and auditor are in rigidly defined statuses. Such situations occur [...] in the courtroom, between judge and defendant."[494] In dieser Beschreibung von *Scott* und *Lyman* ist die Anwendbarkeit des formalen Idioms für die Kommunikation zwischen Angeklagten und Richterinnen und Richtern bereits enthalten: beide Interaktionsparteien haben einen festen, nicht änderbaren Status und eine ihnen zugewiesene Rolle im Gerichtsverfahren.
„*Frozen* style is an extreme form of formal style employed among those who are simultaneously required to interact and yet remain social strangers."[495] Auch diese Darstellung einer kommunikativen Situation passt auf die im Gerichtssaal herrschende: Angeklagte und Richterinnen und Richter interagieren im Wege der Befragung und Beantwortung von Fragen; ihre soziale Beziehung bleibt fremd in dem Sinne, dass es sich um ein rein professionelles Verhältnis handelt.
Es lässt sich also festhalten, dass sowohl der konsultative als auch der formelle und der gefrorene Stil vom Angeklagten vor Gericht benutzt werden können, ohne dass er seine Glaubwürdigkeit beschädigt.
Im Einzelnen bedeutet das: der Angeklagte sollte auf die Verwendung einzelner Worte oder Töne als Antwort verzichten, weil dies den intimen Stil kennzeichnet.[496] Ebenso zu vermeiden ist die Benutzung von Umgangssprache; bei ihr handelt es sich um ein für das lässig-beiläufige Idiom typisches Merkmal.[497] Empfehlenswert sind hingegen die Anwendung einer klaren und formellen Sprache und die eindeutige und nicht zu knappe Beantwortung von Fragen.[498]

b) Attraktivität und Auftreten des Akteurs

Ebenfalls nicht unbedeutend für die Glaubhaftigkeit der Geschehensschilderung und -erklärung ist, wie der Akteur, im Gerichtsaal also der

493 *Scott & Lyman* 1968, S. 56
494 *Scott & Lyman* 1968, S. 56
495 *Scott & Lyman* 1968, S. 56
496 *Scott & Lyman* 1968, S. 56
497 *Scott & Lyman* 1968, S. 56
498 *Scott & Lyman* 1968, S. 56

Angeklagte, auftritt: „Often an account can be discredited by the appearance of the person offering an account.“[499]
Ein negatives Erscheinungsbild schadet demnach der Glaubwürdigkeit des Akteurs, während ein positives Erscheinungsbild der Glaubhaftigkeit seiner Einlassungen zuträglich ist.
Es ist davon auszugehen, dass von dem Begriff der „appearance“ nicht nur das äußere Erscheinungsbild, sondern auch der Aspekt der Souveränität des Angeklagten umfasst ist; beides sollte in den Augen des Gerichts einen „guten Eindruck“ machen, wenn der Glaubwürdigkeit des Angeklagten kein Abbruch getan werden soll.

3. Die Tauglichkeit der account-Theorie als Erklärung für die Täterfreundlichkeit des Bundesgerichtshofs beim Rücktritt von versuchten Tötungsdelikten

Zusammenfassend lässt sich Folgendes sagen: die account-Theorie kann in direkter Weise nur auf die Frage nach der Beendigung des Rücktritts angewendet werden, da hier der Täter ein Negativum belegen muss, dass er nämlich den Eintritt des tatbestandlichen Erfolgs nach der letzten Ausführungshandlung nicht für möglich gehalten hat. Auf diejenigen Merkmale des Rücktrittstatbestands, deren Erfüllung durch die positive Handlung oder Einstellung des Täters bewirkt wird - Freiwilligkeit und Rettungsverhalten des Täters - passt die account-Theorie nicht unmittelbar, da sie Erklärungen für Kommunikationsprozesse, die die Erläuterung eines sozial inadäquaten und unerwünschten Verhaltens beinhalten, liefert; ein solches Verhalten ist im Rücktritt gerade nicht zu sehen.
Allerdings können die empirischen Ergebnisse der account-Forschung Aufschluss darüber geben, wann ein Angeklagter vor Gericht als glaubwürdig und das von ihm geschilderte Tatgeschehen als glaubhaft empfunden werden - und auf diese Glaubwürdigkeit und Glaubhaftigkeit kommt es bei der Entscheidung über einen möglichen strafbefreienden Rücktritt maßgeblich an, da den Richterinnen und Richtern zur Beurteilung der Erfüllung oder Nichterfüllung der Vorsaussetzungen des § 24 häufig nur die Einlassung des Angeklagten zur Verfügung steht. Nach den Untersuchungen von *Scott* und *Lyman* müsste gelten: eine dem Anlass angemessene Sprache und ein angenehmes Erscheinungsbild fördern die Glaubwürdigkeit des Akteurs, demnach werden Richterinnen und Richter dem Angeklagten und seinen Ausführungen eher Glauben schenken, wenn er diese beiden Voraussetzungen erfüllt.
Bislang ist allerdings diese These nicht mit empirischen Untersuchungen belegt. Da nicht zu erwarten ist, dass Richterinnen und Richter, nach ihren Motiven für die Gewährung des Rücktrittsprivilegs befragt, antworten werden, sie seien von der Eloquenz oder dem Erscheinungsbild des Angeklagten beeindruckt und deshalb der Ansicht gewesen, ein Rücktritt sollte bejaht werden, müssten, um eine zuverlässige empirische Analyse zu ermöglichen, unabhängige Beobachter dem Verfahren beiwohnen und den Angeklagten im

---

[499] *Scott & Lyman* 1968, S. 54

Hinblich auf seinen Sprachgebrauch und sein Auftreten bewerten. Um zu validen Ergebnissen zu gelangen, müsste dieses Procedere bei einer Vielzahl von Rücktrittsentscheidungen wiederholt werden; ein hoher Aufwand an Zeit und Kosten wäre also vonnöten.

Auch wenn solche Untersuchungen durchgeführt würden, wäre dabei ein weiterer Aspekt zu beachten: die Rolle des Bundesgerichtshofs als Revisionsinstanz in Fällen des Rücktritts von versuchten Tötungsdelikten führt dazu, dass Faktoren wie die Attraktivität oder die Eloquenz des Angeklagten eine höchstens marginale Rolle für die Entscheidung der Strafsenate spielen können: der auf freiem Fuß befindliche Angeklagte braucht gemäß § 350 Abs. 2 StPO bei der Verhandlung vor dem Bundesgerichtshof weder anwesend zu sein[500] noch sich zu äußern;[501] es ist also durchaus möglich, dass der Bundesgerichtshof weder vom Sprachgebrauch noch von dem Auftreten des Angeklagten einen Eindruck gewinnen kann. Bei einem inhaftierten Angeklagten trifft dies sogar zwingend zu, da er nach § 350 Abs. 2 S. 2 StPO keinen Anspruch auf die Anwesenheit in der Revisionsverhandlung hat.

Im Umkehrschluss legt das jedoch die Vermutung nahe, dass die - jedenfalls gemessen an der Rechtsprechung des Bundesgerichtshofs - „täterfeindliche“ Tendenz der erstinstanzlichen Gerichte beim Rücktritt von versuchten Tötungsdelikten auf eine negativen Einfluss der Anwesenheit des Angeklagten in der Hauptverhandlung auf die Entscheidung der Strafkammer schließen lässt. So liegt es im Bereich des Vorstellbaren, dass sich ein Angeklagter vor Gericht einer unpassenden Sprache bedient oder wenig sicher auftritt - und so seiner Glaubwürdigkeit Schaden zufügt.[502] Orientiert man sich am Ergebnis des Prozesses in der Form eines Urteils oder Beschlusses, so scheint der Mangel an aktiven Äußerungsmöglichkeiten im Revisionsverfahren dem Angeklagten keineswegs zu schaden, sondern eher zu nutzen.

Die account-Theorie und die dazugehörige empirische Forschung dienen also doch der Erklärung der Täterfreundlichkeit des Bundesgerichtshofs beim Rücktritt von versuchten Tötungsdelikten, indem sie nämlich eine Abwesenheit von solchen Faktoren, die die richterliche Entscheidung zu Ungunsten des Täters beeinflussen, belegen können.

Zusätzlich kann die account-Theorie samt ihrer empirischen Forschungsgrundlage einen weiteren praktischen Zweck im Hinblick auf die Beurteilung von Rücktrittsfragen erfüllen: sie gibt Angeklagten und Verteidigern Richtlinien für ein im account-Sinne taktisch kluges Verhalten im Verfahren an die Hand, indem sie die Aufmerksamkeit auf solche Aspekte lenkt, die die Glaubwürdigkeit des Angeklagten reduzieren oder verstärken können, und ihre Kenntnis kann Richterinnen und Richter davor bewahren, ihre Entscheidung unbewusst zu stark von solchen Faktoren abhängig zu machen.

---

[500] siehe dazu *Meyer-Goßner*, § 350, Rn. 3

[501] siehe dazu *Meyer-Goßner*, § 350, Rn. 3; zur Möglichkeit, den Angeklagten im Freibeweisverfahren zu vernehmen siehe *Meyer-Goßner*, § 351, Rn. 3

[502] So stellen *Scott* und *Lyman* fest, die Glaubwürdigkeit von Akteuren leide besonders dann, wenn „persons of inferior status provide substantially acceptable accounts for their [...] behavior to their inquiring superiors but employ idiomatically unacceptable or condemnable form.“ (*Scott & Lyman* 1968, S. 57)

V. Die attributionstheoretische Analyse kommunikativer Prozesse

Eine weitere Forschungsrichtung innerhalb der Sozialwissenschaft, die sich mit der Analyse kommunikativer Prozesse befasst, ist die der attributionstheoretischen Untersuchungen.

Womit exakt sich die Attributionstheorie beschäftigt, lässt sich auf verschiedenste Weise formulieren. *Weiner* sagt, „Attributionstheoretiker [beschäftigten] sich mit den Ursachen, mit denen der >Mann auf der Straße< Ereignisse, Handlungen und Handlungsergebnisse erklärt."[503] *Försterling* hält fest, „Attributionstheorien [untersuchten] das Zustandekommen und die Auswirkungen von Ursachenzuschreibungen, die Individuen für unterschiedliche Ereignisse vornehmen [und gingen dabei der Frage nach], wie unmittelbar wahrgenommenes Verhalten [...] auf zugrundeliegende dispositionale Eigenschaften oder [...] Motive zurückgeführt [werde]."[504] Nach *Krampen* geht es bei der Attributionstheorie um die „Frage, wie Menschen Informationen über eigenes und fremdes Verhalten interpretieren, um Urteile über die (wahrgenommenen) Ursachen von Ereignissen fällen zu können."[505] Knapper drückt es *Preiser* aus: „[Attribution] ist die Erklärung von Verhaltensweisen oder Ereignissen mittels wahrgenommener oder erschlossener Ursachen."[506]

Etwas stärkeren Wert auf subjektive und wertende Aspekte der Attribution legt *Herkner*: „Gegenstand der Attributionsforschung sind Meinungen über Kausalzusammenhänge, sowie das Zustandekommen und die Auswirkungen solcher Meinungen."[507] Oder, wie *Crombag* es formuliert: „[A]ttribution theory is not a theory about the causes of behavior but about the perception of those causes."[508]

All diesen Definitionen der Attributionstheorie sind einige Elemente gemein: Beobachter nehmen Informationen über eine Handlung oder ein Ereignis auf und machen sich ein subjektives Bild davon, aufgrund welcher Ursachen es zu dieser Handlung oder zu diesem Ereignis gekommen ist; sie stellen also einen Kausalzusammenhang her zwischen Handlungsmotiven und Handlungsergebnissen. Dabei nehmen sie die Handlung und ihre Ursachen auch im

---

[503] *Weiner*:„Sünde versus Krankheit: Die Entstehung einer Theorie wahrgenommener Verantwortlichkeit" in: *Försterling & Stiensmeier-Pelster* 1984, S. 1ff.; den Kerngehalt der Attribution beschreibt *Weiner* auch wie folgt: „Now, then I asked myself one of my first attributional questions: Why did the winners in fact win, and why did the losers lose?" (*Weiner*: „Self Reflections: The Origin of an Attribution Theorist" in: *Zelen* 1991, S. 7ff.). Ähnlich formulieren *Harvey, Orbuch & Weber* die Ziele der Attributionstheorie: „A [...] definition of attribution is the perception of the causes of behavior [...]. The primary focus in attribution theory is on processes by which the >person on the street< forms an understanding either of observed or of personal events." (*Harvey, Orbuch & Weber* 1992, S. 2)

[504] *Försterling* 1986, S. 10

[505] *Krampen* 1989, S. 9

[506] *Siegfried Preiser*: „Erfassung kausaler und finaler Attributionen im beruflichen und politischen Lebenskontext" in: *Krampen* 1989, S. 32ff.

[507] *Herkner* 1980, S. 11; im gleichen Sinn, allerdings noch kürzer *Bierhoff*: „Attributions are subjective estimates which are related to an analysis of causality." (*Bierhoff* 1989, S. 147)

[508] *Hans F. M. Crombag*: „When Law and Psychology Meet" in: *Wegener, Lösel & Haisch* 1989, S. 1ff.

Zusammenhang mit der handelnden Person, „Akteur" oder „Stimulusperson" genannt, wahr.
Alle einzelnen „Mini-Attributionstheorien" stützen sich auf die Formulierung, mit der *Heider* die Attributionstheorie begründet hat: „In everyday life we form ideas about other people and about social situations. We interpret other people's actions and we predict what they will do under certain circumstances."[509] Dabei versteht *Heider* Attribution „als die Verbindung zwischen einem wahrgenommenen Geschehen und einer Person, die aufgrund einer Handlung als Verursacher dieses Geschehens angesehen wird."[510] Über die Attribution wird also einem agierenden Individuum Verantwortlichkeit für seine Handlungen zugeschrieben.[511]
Übertragen auf die Situation, in der sich Gerichte bei der Beurteilung von Rücktrittsfragen befinden, bedeutet das, dass dieser Attributionsprozess folgendes Szenario beinhaltet: die Beobachter (die Richterinnen und Richter) nehmen Informationen über eine Handlung und ein Ereignis (das Tatgeschehen) auf (nämlich in der Verhandlung) und bilden sich im Wege der Attribution eine Meinung darüber, welche Ursachen zu dieser spezifischen Handlung und zu diesem spezifischen Ereignis geführt haben.
Im Weiteren ist zu klären, wie genau eine solche Attribuierung von Verantwortlichkeit verläuft.

1. Das Fünf-Stufen-Modell der Zuschreibung von Verantwortlichkeit nach Heider

Heider zufolge gibt es fünf unterschiedliche Stufen der Attribution von Verantwortlichkeit, und abhängig von der Stufe, auf der die Zurechnung stattfindet, wird dem Handelnden aus bestimmten Gründen Verantwortlichkeit zugeschrieben. *Heider* benennt die fünf Stufen und erklärt die jeweils stattfindende „attribution of responsibility"[512] wie folgt:
„Association: A person is held responsible for any effect which is connected with him or her. [...]
Causality: A person is held responsible for all effects which were caused by that person. At this stage, causality is equated with responsibility. [...]
Foreseeability: The actor is held responsible for all effects and aftereffects which could be foreseen although they were not necessarily intended. This stage describes a pragmatic understanding of responsibility. Foreseeability is a cue which indicates that the actor was aware of possible negative outcomes.
Intentionality: The actor is held responsible for all effects and aftereffects which he/she intended to produce. This stage equals responsibility with personal causality.

---

[509] *Heider* 1958, S. 8
[510] *Heider*: „Über Balance und Attribution" in: *Görlitz, Meyer & Weiner* 1978, S. 19ff.; *Försterling* nennt Kausalattributionen „Antworten auf Warum-Fragen" (*Försterling* 1986, S. 23).
[511] so *Hassemer*, der die Attributionstheorie auch die „Lehre von der Zuschreibung der Verantwortlichkeit" nennt (*Hassemer* 1990, S. 219)
[512] *Heider* 1958, S. 113f.

Justifiability: A final stage represents the most sophisticated understanding of responsibility. A person is held responsible to that extent that no justifications and excuses mitigate perceived responsibility."[513]

Wie sich diese fünf Stufen der Zuschreibung von Verantwortlichkeit auf das Gebiet des Strafrechts übertragen lassen, demonstriert *Hassemer*.[514] Die erste Stufe, die der „association", entspricht im deutschen Strafrecht der Äquivalenzkausalität; die zweite Stufe der „causality" ist in der Ebene der Erfolgshaftung widergespiegelt; die dritte Stufe der „foreseeability" ist relevant bei der Haftung für Fahrlässigkeit; die vierte Stufe, die „intentionality" ist im Begriff des Vorsatzes beinhaltet; und die fünfte Stufe der „justifiability" findet sich in der strafrechtlichen Ebene der Entschuldigungsgründe.[515] Die von *Heider* aufgestellten Ebenen der Zuschreibung von allgemeiner Verantwortlichkeit gibt es also auch im Bereich der Zuschreibung strafrechtlicher Verantwortlichkeit - aber gilt diese generelle Feststellung auch für den speziellen Bereich der Beurteilung von Rücktrittsfragen? Spielt die Verantwortlichkeit des Täters für sein Handeln bei dieser Urteilsfindung eine Rolle? Und wenn ja, auf welcher Ebene der Zuschreibung von Verantwortlichkeit findet die Attribuierung in diesen Fällen statt?

Um diese Fragen beantworten zu können, werden im Folgenden noch einmal die einzelnen vom Gericht zu klärenden Tatbestandsmerkmale daraufhin geprüft, auf welcher Ebene eventuell eine Zuschreibung von Verantwortlichkeit durch Richterinnen und Richter erfolgen könnte. Vorausgeschickt werden muss, dass der Begriff der „Verantwortlichkeit" dabei keineswegs in einem negativen Sinne zu verstehen ist oder dahingehend, dass, wer verantwortlich ist, auch zu bestrafen ist. Verantwortlichkeit kann einem Akteur auch für positive Handlungen und Ergebnisse zugeschrieben werden.[516] Das heißt also, dass über die *Heider*sche Zuschreibung von Verantwortlichkeit dem Täter auch das positive und sozialadäquate Verhalten, als das sich der Rücktritt vom Versuch darstellt, zugerechnet werden kann.

a) Fehlgeschlagener Versuch

Für die Beurteilung der Frage, ob der Versuch fehlgeschlagen und damit ein Rücktritt ausgeschlossen ist, kommt es darauf an, ob der Täter annimmt, die geplante Tat mit den ihm zur Verfügung stehenden Mitteln in einem engen

---

[513] *Bierhoff* 1989, S. 222f.; *Shaver* hingegen nennt die fünf Stufen „causality, knowledge, intentionality, coercion and appreciation of the moral wrongfulness of the action" (*Shaver* 1985, S. 63ff., 102ff.); siehe zur Stufe der Kausalität ausführlich auch *Weiner* 1986, S. 22ff.

[514] *Hassemer* 1990, S. 219f.

[515] *Hassemer* 1990, S. 219f.

[516] Allerdings ist festzustellen, dass sich der Großteil der empirischen Forschung und Literatur mit der Attribution der Verantwortlichkeit für negative Ereignisse befasst. So geht zum Beispiel *Weiner* ohne jegliche Erwähnung positiver Ergebnisse davon aus, man neige dazu „andere Personen als verantwortlich oder nichtverantwortlich für negative Ereignisse wahrzunehmen und aufgrund dessen als >gut< oder >böse< zu beurteilen." (*Weiner*: „Sünde versus Krankheit: Die Entstehung einer Theorie wahrgenommener Verantwortlichkeit" in: *Försterling & Stiensmeier-Pelster* 1984, S. 1ff.). Das aber heißt nicht, dass eine Attribution nicht auch mit Blick auf positive Handlungen möglich sein sollte.

räumlichen und zeitlichen Zusammenhang noch vollenden zu können.[517] Relevant ist also, was der Täter sich subjektiv vorstellt und was er zu tun beabsichtigt.
In dem Zeitpunkt, in dem das Gericht über einen möglichen Fehlschlag des Versuchs entscheidet, hat die Zuschreibung der Verantwortlichkeit in einem objektiven Sinn auf den Ebenen der Assoziation, Kausalität und Vorhersehbarkeit bereits stattgefunden. Die Richterinnen und Richter als Beobachter haben lediglich Ursachen dafür zu finden, ob der Täter meinte, die Tat noch vollenden zu können; sie attribuieren also Verantwortlichkeit auf der Ebene der Intentionalität.

b) Beendeter und unbeendeter Versuch

Ebenfalls auf der vierten Stufe, der Intentionalität, ist die Beendigung des Versuchs zu bewerten. Die Abgrenzung des unbeendeten vom beendeten Versuch erfolgt anhand der Vorstellung des Täters: hat er nach seinem subjektiven Bild von der Tat alles für den Erfolgseintritt Erforderliche getan, ist der Versuch beendet; geht er davon aus, dies nicht getan zu haben, ist der Versuch unbeendet.[518] Auch hier ist für die Zuschreibung der Verantwortlichkeit entscheidend, welche Art der Tatausführung der Täter beabsichtigt hat, welchen Geschehensablauf also seine Intentionen umfasst haben.

c) Das Erfordernis der Freiwilligkeit

Beim Tatbestandsmerkmal der Freiwilligkeit ist die Ebene der Intentionalität von großer Bedeutung: zu beurteilen ist, aus welchem Grund der Täter zurückgetreten ist, was ihn nach seiner Vorstellung dazu gebracht hat, von der Tatvollendung abzustehen.[519]
Da ein freiwilliger Rücktritt jedoch auch dann möglich sein kann, wenn äußere Umstände den Täter zur Tataufgabe bewegen, kann die Attribution der Verantwortlichkeit hier zusätzlich auf der Ebene der Kausalität vorgenommen werden: hat der Täter seinen Rücktritt allein „verursacht“ oder haben weitere Faktoren zum Rücktritt beigetragen?

d) Anforderungen an das Rücktrittsverhalten des Täters

Auch bei den an das Rücktrittsverhalten des Täters zu stellenden Anforderungen findet die Attribution auf zwei Stufen statt, der der Intentionalität und der der Kausalität. Zum einen ist festzustellen, ob der Täter für den Nichteintritt des Erfolgs in dem Sinne verantwortlich ist, dass seine Rettungshandlungen kausal dafür waren, dass es nicht zur Tatvollendung gekommen ist; zum anderen ist für eine positive Verantwortlichkeit für das Abwenden des tatbestandlichen Erfolgs Voraussetzung, dass der Täter Maßnahmen gewählt hat, die er selbst für geeignet hielt, und dass er die Tatvollendung endgültig nicht mehr wollte.

---

[517] siehe dazu oben S. 26ff. und S. 66ff.
[518] siehe dazu oben S. 42ff. und S. 68ff.
[519] siehe dazu oben S. 50ff. und S. 85ff.

Auf beiden Ebenen muss die Verantwortlichkeit dem Täter zugeschrieben werden können, wenn er strafbefreiend zurückgetreten sein soll.

e) Zusammenfassung

Bei der Prüfung der für den strafbefreienden Rücktritt erforderlichen Tatbestandsmerkmale findet die Zuschreibung von Verantwortlichkeit auf der Ebene der Kausalität und der Ebene der Intentionalität statt. Attribuiert wird dem Täter als Stimulusperson seine Verantwortlichkeit für eine positive Handlung, nämlich die Bewirkung des Nichteintritts des tatbestandlichen Erfolgs. Die Richterinnen und Richter fungieren als Beobachter und bewerten die Ursachen, aus denen der Täter einen Versuch für fehlgeschlagen oder nicht fehlgeschlagen, für beendet oder unbeendet hält, aufgrund derer er die Rücktrittsmöglichkeit wählt und derentwegen er sich für ein bestimmtes Rettungsverhalten entscheidet.

2. Die Zuschreibung von Schuld nach Shaver

Ein anderes Modell der Attribution entwickelt *Shaver*, die zusätzlich zur Zuschreibung von Verantwortlichkeit die „attribution of blame" untersucht.[520] *Shavers* Attributionsmodell bezieht dabei vor allem solche Zuschreibungsprozesse ein, bei denen der Beobachter die zu bewertende Aktion selbst nicht wahrgenommen hat,[521] und bei denen der Beobachter Schlüsse über innere psychologische Vorgänge bei dem Akteur treffen soll.[522] Genau in dieser Lage befinden sich Richterinnen und Richter in einer Verhandlungssituation, so dass eine Anwendung des *Shaver*schen Modells auf die Beurteilung von Rücktrittsfragen aufschlussreich sein könnte.

Shavers Modell der „attribution of blame" jedoch kann aus einem anderen Grund hier keine Berücksichtigung finden: es bezieht sich eindeutig nur auf die Zuschreibung von Schuld bei negativen Ereignissen und Handlungen.[523] Damit kann es die Täterfreundlichkeit des Bundesgerichtshofs in Rücktrittsfragen logisch nicht erklären, da für ein täterfreundliches Urteil Voraussetzung ist, dass dem Täter Ursachen für eine Handlung mit einem positiven Ergebnis zugeschrieben werden.

Anwendbar wäre die „attribution of blame" nach *Shaver* beispielsweise dort, wo es um die Zurechnung der Versuchstat an sich geht, da diese Tat an sich als sozial inadäquates und negatives Handeln zu bewerten ist. Die Rücktrittshandlung hingegen ist genau das Gegenteil, nämlich ein sozial adäquates Verhalten, das ausgleichend wirkt - auf solche Verhaltensweisen ist die Zuweisung von Schuld, wie *Shaver* sie definiert, nicht anwendbar.

---

[520] *Shaver* 1985

[521] *Shaver* 1985, S. 7

[522] *Shaver* 1985, S. 79

[523] „The events of interest to a psychological analysis of blame [...] will be those social occurrences or changes in physical state **that lead to negative consequences**." (*Shaver* 1985, S. 3f.; Hervorhebung durch die Verfasserin); „Once a person has been found responsible for a **morally objectionable** occurrence, that person stands liable for blame." (*Shaver* 1985, S. 162; Hervorhebung durch die Verfasserin); „The assignment of blame to a person who has helped to bring about **a misfortune or morally reprehensible event** is [...] a highly social process." (*Shaver* 1985, S. 173; Hervorhebung durch die Verfasserin)

3. Personen- und Situationsattributionen

Innerhalb des Attributionsprozesses ist zu unterscheiden, welche Art der Attribution vorgenommen wird: eine Personen- oder eine Situationsattribution.[524] Dabei kommt es für diese Unterscheidung darauf an, ob die dem Akteur zugeschriebene Handlungsursache als innerhalb des Handelnden befindlich, also internal, oder als außerhalb des Handelnden befindlich, also external, wahrgenommen wird:[525] „Person attributions refer to dispositions of the target person, while stimulus attributions refer to situational determinants which might influence the actions of the target person."[526]

Ob dem Täterverhalten beim Rücktritt eine internale oder eine externale Ursache attribuiert wird, spielt dort eine Rolle, wo es um die Frage der Freiwilligkeit des Rücktritts geht. Die Freiwilligkeit ist jedenfalls dann eindeutig zu bejahen, wenn davon auszugehen ist, dass der Täter aus rein autonomen Motiven von der Tatvollendung absieht, seinem Verhalten also eine internale Ursache zugeschrieben werden kann.[527] Weniger eindeutig sind Situationen zu beurteilen, in denen der Täter zumindest auch aufgrund heteronomer Beweggründe, also externaler Ursachen, vom Versuch zurücktritt; eine Einwirkung von außen kann eher eine Zwangslage herbeiführen, aufgrund derer der Täter nicht mehr freiwillig zurücktreten kann.

Dass der Bundesgerichtshof beim Rücktritt von versuchten Tötungsdelikten auch im Hinblick auf das Tatbestandsmerkmal der Freiwilligkeit täterfreundlich urteilt, könnte demnach dann mit der Attributionstheorie erklärt werden, wenn man davon ausgeht, dass die Richterinnen und Richter der einzelnen Senate bei der Beurteilung von Rücktrittsfragen dazu tendieren, eher Personenattributionen als Situationsattributionen vorzunehmen.

Für diese These spricht die empirische Untersuchung von *McArthur* und *Post*, die feststellen, dass es zwischen den Attributionen, die Beobachter vornehmen, und denen, die die Akteure selbst vornehmen, Unterschiede gebe: „Handelnde Personen neigen dazu, ihr Verhalten auf Situationsfaktoren zurückzuführen, während Beobachter dasselbe Verhalten auf persönliche Merkmale des Handelnden zurückführen. [...] Beobachter machen Dispositionsattributionen bezüglich des Verhaltens der handelnden Person [...]."[528] Bei *Darley* und *Cooper* findet sich diese Feststellung in aller Knappheit: „Perceivers continually make person attributions."[529]

Bezogen auf die Täterfreundlichkeit im Hinblick auf die Freiwilligkeit des Rücktritts von versuchten Tötungsdelikten heißt das, dass die Richterinnen und Richter als Beobachter jedenfalls geneigter sind, Personenattributionen

---

[524] siehe dazu ausführlich *Effler* 1986, S. 411ff.; Personenattributionen werden auch als Dispositionsattributionen bezeichnet.

[525] *Weiner*: „Sünde versus Krankheit: Die Entstehung einer Theorie wahrgenommener Verantwortlichkeit" in: *Försterling & Stiensmeier-Pelster* 1984, S. 1ff.

[526] *Bierhoff* 1989, S. 150

[527] Es sei denn, dass diese internale Ursache aufgrund ihrer Ausformung oder Intensität eine psychische Zwangslage beim Täter bedingt, die dann einen Rücktritt ausschließt; siehe dazu oben S. 50ff. und S. 85ff.

[528] *Leslie Zebrowitz Mc Arthur & David L. Post*: „Figurale Betonung und Personenwahrnehmung" in: *Herkner* 1980, S. 137ff.

[529] Einführung zu *Darley & Cooper* 1998, S. XXIX

vorzunehmen und so dem Täter internale Beweggründe zu attestieren, als den Rücktritt auf externale Ursachen zurückzuführen und so möglicherweise die Freiwilligkeit zu verneinen.
Hinderlich für die Übertragung der von *McArthur* und *Post* gemachten Feststellung auf die Konstellation der Entscheidung des Gerichts über den Rücktritt ist jedoch die folgende Überlegung: wenn der Akteur selbst eher dazu tendiert, seiner Handlung eine situationsbedingte externale Ursache zu attribuieren, wird er eventuell diese Tendenz auch dann äußern, wenn er dazu befragt wird. Es kann also sein, dass ein Täter, der der Meinung ist, vom Versuch aufgrund äußerer Umstände zurückgetreten zu sein, diese auch den Richterinnen und Richtern gegenüber äußert - da es bei der Freiwilligkeit darum geht herauszufinden, ob sich der Täter zum Rücktritt gezwungen gesehen hat, könnte die Erwähnung externaler Einflüsse durch den Täter zur Folge haben, dass ein freiwilliger Rücktritt zu verneinen ist. Die täterfreundlich wirkende Tendenz des Beobachters zu Personenattributionen könnte durch die täterfeindliche Tendenz des Akteurs zu Situationsattributionen also aufgehoben werden.

4. Beeinflussung des Attributionsprozesses durch bestimmte Faktoren

Die empirische Forschung zur Attributionstheorie beschäftigt sich - ebenso wie die zur account-Theorie gehörenden Untersuchungen - damit, welche Einzelfaktoren den Attributionsprozess beeinflussen, indem sie sich beispielsweise darauf auswirken, ob in bestimmten Situationen positive oder negative, Personen- oder Situationsattributionen gemacht werden.
Möglicherweise lassen sich auch durch die Betrachtung dieser Empirik Anhaltspunkte dafür finden, warum der Bundesgerichtshof beim Rücktritt von versuchten Tötungsdelikten täterfreundlich urteilt.

a) „Ähnlichkeit erzeugt Attribution“[530]

Heider stellt fest, dass „schlechte Taten [...] oft Personen zugeschrieben [würden], die man für schlecht [halte].“[531] Aus dieser Erkenntnis folgert er, „Mögen erzeug[e] Nähe“;[532] das heißt also, dass die Empfindung des Beobachters, den Akteur zu mögen, dazu führt, dass der Beobachter geneigt ist, dem Akteur positive und internale Ursachen für sein Handeln zu attribuieren.
Auf die Beurteilung des Rücktritts übertragen, heißt das, dass ein Täter, den Richterinnen und Richter als angenehm wahrnehmen, größere Chancen darauf hat, dass sein Handeln als positiv bewertet wird, dass ihm also zum Beispiel eher eine Freiwilligkeit des Rücktritts zugeschrieben wird als einem als unangenehm empfundenen Täter.
Es ist jedoch nicht besonders wahrscheinlich, dass Täter, bei denen zu beurteilen ist, ob sie vom Versuch eines Tötungsdelikts zurückgetreten sind,

---

[530] *Heider*: „Über Balance und Attribution“ in: *Görlitz, Meyer & Weiner* 1978, S. 19ff.
[531] *Heider*: „Über Balance und Attribution“ in: *Görlitz, Meyer & Weiner* 1978, S. 19ff.
[532] *Heider*: „Über Balance und Attribution“ in: *Görlitz, Meyer & Weiner* 1978, S. 19ff.

Richterinnen und Richtern prinzipiell „näher" oder angenehmer vorkommen als es solche Täter tun, bei denen andere Sachverhalte gerichtlich zu klären sind. Vorstellbar wäre allerdings, dass schon allein die Möglichkeit, der Täter sei eventuell zurückgetreten, eine nähebildende Wirkung entfaltet. Für jemanden, der nicht straffällig geworden ist, ist die Vorstellung, ein anderer habe sich zumindest bemüht, das von ihm begangene Unrecht „wiedergutzumachen", einleuchtender und leichter nachvollziehbar als die Vorstellung, er habe die Tat bis zur Vollendung durchgeführt. Auf diese Weise lässt sich zumindest erklären, warum der Bundesgerichtshof Tätern, bei denen ein strafbefreiender Rücktritt möglich erscheint, von vornherein größere Freundlichkeit entgegenbringt als solchen, die eine Tat vollendet haben.

b) Sympathie

Neben der vom Beobachter empfundenen Nähe spielt für die Attribution eine entscheidende Rolle, ob der Beobachter den Akteur als sympathisch oder unsympathisch erlebt: dieselben positiven Handlungen werden bei sympathischen Handlungspersonen auf persönliche Dispositionen und bei unsympathischen Personen auf Situationsfaktoren zurückgeführt.[533] Umgekehrt ist es so, dass negative Handlungen bei sympathischen Stimuluspersonen durch situationsbedingte Umstände erklärt werden, während sie bei als unsympathisch empfundenen Akteuren personalattribuiert werden.[534]

Im Rahmen der Frage nach der Freiwilligkeit des Rücktritts bedeutet das, dass Tätern, die als sympathisch wahrgenommen werden, leichter internale Faktoren, also autonome Rücktrittsmotive zugeschrieben werden als Tätern, die als unsympathisch empfunden werden. Die der These „Mögen erzeugt Nähe" entgegengebrachte Skepsis ist jedoch auch hier angebracht: es ist nicht wahrscheinlich, dass Richterinnen und Richtern jeder Angeklagte, dessen Rücktritt vom versuchten Tötungsdelikt zu prüfen ist, per se sympathisch erscheint.

Auch hier ist allerdings anzunehmen, dass lediglich die Tatsache, dass ein Rücktritt überhaupt in Betracht kommt, zugunsten des Täters „sympathisch" wirkt; und es lässt sich jedenfalls festhalten, dass ein sympathisches Auftreten des Angeklagten dazu führen kann, dass ihm vom Gericht eher positive und internale Motive attribuiert werden.

c) Geschlecht

Bierbrauer verweist auf Untersuchungen, die belegen, dass die Glaubwürdigkeit von Frauen signifikant höher eingeschätzt wird als die von Männern.[535] Diese Feststellung hat natürlich Auswirkungen auf strafrechtliche Verhandlungen; wenn Frauen als Angeklagte oder Zeuginnen als glaubwürdiger empfunden werden als Männer, verschafft ihnen das einen Vorteil.

---

[533] *Herkner* 1980, S. 37

[534] *Herkner* 1980, S. 37

[535] *Bierbrauer* 1984, S. 24

Für die vorliegende Arbeit hat dieser Fund jedoch keine Bedeutung, da es sich bei den Tätern in beinahe allen im Ersten und Zweiten Kapitel beschriebenen Fällen um Männer handelt.[536]

d) Stimme und Sprache

Bierhoff stellt fest, die Stimme des Akteurs habe Auswirkungen darauf, wie er vom Beobachter wahrgenommen wird: „Loudness, resonance, pitch, and warmth are aspects of the voice quality which are perceived by listeners as cues which permit conclusions about the speaker's personality."[537]
Lautstärke, Resonanz, Stimmlage und –wärme lassen für den Beobachter Rückschlüsse darauf zu, ob die Stimulusperson nervös ist oder ruhig, ob sie die Wahrheit sagt oder lügt, ob sie intro- oder extrovertiert agiert.
Prinzipiell wird eine nicht zu leise, warme und tiefe Stimme als angenehm empfunden, und dieser Eindruck führt dazu, dass dem Träger einer solchen Stimme positive Dispositionen attribuiert werden.
Es ist zwar nicht davon auszugehen, dass sich jeder Angeklagte, in dessen Fall ein Rücktritt bejaht wird, einer warmen, tiefen und tragenden Stimme rühmen kann. Es ist jedoch möglich, dass Tätern, die ruhig, akustisch verständlich und warm sprechen, eher positive und internale Ursachen für ihr Handeln zugeschrieben werden, und dass das, was sie vorbringen, stärker als glaubhaft wahrgenommen wird.
Die Glaubwürdigkeit einer Personen steht zusätzlich auch in Zusammenhang mit ihrem Sprechverhalten. Dabei steht die Sprechgeschwindigkeit in einer „positiven und linearen Beziehung zur wahrgenommenen Glaubwürdigkeit des Sprechers";[538] mangelnder Blickkontakt des Akteurs mit dem Beobachter wird als ein Zeichen von Unglaubwürdigkeit bewertet.[539]
Ob beispielsweise ein vom Akteur vorgetragener Tatablauf oder die für ihn bestimmenden Motive als glaubhaft wahrgenommen werden, wird zusätzlich davon beeinflusst, wie eloquent der Akteur ist und welchen Vokabulars er sich bedient.[540]

e) Attraktivität des Akteurs

Neben der Stimme spielt bei der Attribution ebenfalls eine Rolle, ob der Beobachter den Akteur als attraktive oder unattraktive Person wahrnimmt. Nach Untersuchungen, auf die sich *Bierbrauer* bezieht, hat die physische Attraktivität insbesondere Einfluss darauf, ob eine Stimulusperson als glaubwürdig eingeschätzt wird: „[D]as Erscheinungsbild und Benehmen vor Gericht [können] die Glaubwürdigkeit eines Zeugen beeinflussen [...].[541]

---

[536] Die Ausnahme bildet der der Entscheidung BGH, Beschluss vom 11. März 1999, 4 StR 56/99 zugrundeliegende Sachverhalt; siehe dazu oben S. 75ff.
[537] *Bierhoff* 1989, S. 248
[538] *Bierbrauer* 1984, S. 25
[539] *Bierbrauer* 1984, S. 25
[540] siehe dazu auch oben S. 108ff.
[541] Oder, wie es *Scott* und *Lyman* im Rahmen der account-Theorie formulieren: „Often an account can be discredited by the appearance of the person offering an account." (*Scott & Lyman* 1968, S. 54)

Körperlich attraktive Menschen wurden in einem Simulationsexperiment geringer bestraft als weniger attraktive Menschen."[542] Oder, wie es *Bierhoff*, *Buck* und *Klein* feststellen: „high physical attractiveness [has] a positive influence on [...] decisions. Attractive persons were guilty less often and received less severe sentences."[543]

Versteht man - wie das *Bierhoff*, *Buck* und *Klein* tun - unter dem Begriff der Attraktivität nicht nur das optische Erscheinungsbild des Angeklagten und dessen physische Schönheit, sondern bezieht im Sinne einer sozialen Attraktivität auch Faktoren wie den gesellschaftlichen Ruf des Angeklagten, seinen Beruf und seine Sicherheit und Gewandtheit im Auftreten ein, lässt sich festhalten: je attraktiver der Angeklagte im Gesamtbild erscheint, desto glaubwürdiger ist er.[544]

f) Auffälligkeit des Akteurs

McArthur und *Post* stellen in einer Reihe von Experimenten fest, dass für das Verhalten von Stimuluspersonen, die auffällig sind oder „Figurcharakter" haben, relativ mehr Dispositions- und weniger Situationsattributionen vorgenommen werden.[545] In diesen Versuchen werden die betreffenden Akteure neben anderen Personen als auffällig hervorgehoben, indem sie beispielsweise stärker ausgeleuchtet werden, sich mehr bewegen oder in komplex gemusterte Hemden gekleidet sind.[546] Das Experiment beruht jedoch darauf, dass der Beobachter die Stimulusperson im Zusammenwirken mit anderen Personen betrachtet und sie im Vergleich zu diesen Personen attributiv bewertet; eine solche Situation ist im Gerichtsaal nicht gegeben, sondern der Angeklagte wird allein für sich wahrgenommen. Eine besondere Auffälligkeit des Angeklagten, die zu einer verstärkten Personenattribution führt, kann demnach nicht hergestellt werden.

g) Ärger, Mitleid und empfundene Benachteiligung auf Seiten des Akteurs

Untersuchungen von *Graham* haben ergeben, dass Beobachter mit der Stimulusperson Mitleid empfinden, wenn sie ihre negative Handlung als auf unkontrollierbaren Ursachen beruhend wahrnehmen, und dann geneigt sind, positive Attributionen vorzunehmen.[547] Ärger, der zu negativen Attributionionen führt, empfinden Beobachter dagegen, wenn die Stimulusperson negativ

---

[542] *Bierbrauer* 1984, S. 25

[543] *Hans Werner Bierhoff*, *Ernst Buck & Renate Klein*: „Attractiveness and Respectability of the Offender as Factors in the Evaluation of Criminal Cases" in: *Wegener*, *Lösel & Haisch* 1989, S. 193ff.

[544] siehe dazu auch oben S. 110

[545] *Leslie Zebrowitz McArthur & David L. Post*: „Figurale Betonung und Personenwahrnehmung" in: *Herkner* 1980, S. 137ff.

[546] *Leslie Zebrowitz McArthur & David L. Post*: „Figurale Betonung und Personenwahrnehmung" in: *Herkner* 1980, S. 137ff.

[547] *Sandra Graham*: „Communicating Low Ability in the Classroom: Bad Things Good Teachers Sometimes Do" in: *Graham & Folkes* 1990, S. 17ff.

handelt, und diese Handlung auf kontrollierbare Faktoren zurückgeführt wird.[548]

Diese Befunde können jedoch nicht als Erklärung für die täterfreundliche Linie der höchstrichterlichen Rechtsprechung beim Rücktritt von versuchten Tötungsdelikten dienen: als positiv ist es in Rücktrittsfällen ja gerade zu bewerten, wenn der Täter aus eigenen, kontrollierbaren Motiven handelt, und eben nicht, weil er von unkontrollierbaren Faktoren dazu bestimmt wurde.

Montada, *Dalbert* und *Schmitt* stellen fest, Beobachter seien dann stärker geneigt, positive Personenattributionen zu machen, wenn sie sich als dem Akteur gegenüber privilegiert betrachteten, sich deshalb schuldig fühlten und versuchten, die als ungerecht empfundenen Unterschiede zwischen der eigenen Lebenslage und der der Stimulusperson auszugleichen.[549]

Dass Richterinnen und Richter versuchen, Unterschiede zwischen ihrer eigenen Lebenslage und der des Angeklagten auszugleichen, indem sie ihm einen strafbefreienden Rücktritt vom Versuch gewähren, scheint allerdings sehr weit hergeholt. Der augenfällige Hauptunterschied zwischen der Situation der Richterinnen und Richter respektive der des Angeklagten ist der, dass dem Angeklagten anders als den urteilenden Beobachtern eine Freiheitsstrafe droht, wenn der Rücktritt verneint wird. Geht man davon aus, dass die Beobachter diesen Unterschied ausgleichen wollen, indem sie dem Akteur positive Dispositionen attribuieren, dann müssten Richterinnen und Richter immer dann täterfreundlich entscheiden, wenn im Falle einer Verurteilung eine Gefängnisstrafe zu verhängen wäre; das ist jedoch nicht der Fall.[550]

h) Ergebnisabhängigkeit des Beobachters vom Akteur

Der Attributionsprozess wird davon beeinflusst, ob das vom Beobachter zu erzielende Ergebnis stark von der Person des Akteurs abhängt. *Berscheid*, *Graziano*, *Monson* und *Dermer* stellen fest, dass „besonders solche Personen die Attributionsmaschinerie in Gang [setzten], von denen die Ergebnisse des Beobachters abhängen. Mit zunehmender Ergebnisabhängigkeit von einer anderen Person [...tendiere] man dazu, der anderen Person mehr Aufmerksamkeit zu schenken, mehr über den anderen zu erinnern, den anderen extremer und mit mehr Sicherheit hinsichtlich mehrerer Eigenschaften zu beurteilen, und den anderen sympathischer zu finden, was sich in der Positivität der Eigenschaftsbeurteilungen [...äußere].“[551]

Diese allgemeine Feststellung ist unmittelbar auf die konkreten Vorgänge bei der Beurteilung des Rücktritts übertragbar: Richterinnen und Richter als Beobachter sind auf den Angeklagten als Akteur, respektive auf seine

---

548 *Sandra Graham*: „Communicating Low Ability in the Classroom: Bad Things Good Teachers Sometimes Do“ in: *Graham & Folkes* 1990, S. 17ff.

549 *Leo Montada, Claudia Dalbert & Manfred Schmitt*: "Wahrgenommener Handlungsspielraum und emotionale Reaktionen gegenüber Benachteiligten“ in: *Krampen* 1989, S. 119ff.

550 siehe beispielsweise zum Anstieg der Verurteilung zu lebenslanger Freiheitsstrafe wegen Mordes *Rotthaus*, NStZ 2005, 482ff.

551 *Ellen Berscheid, William Graziano, Thomas Monson & Marshall Dermer*: „Ergebnisabhängigkeit: Aufmerksamkeit, Attribution und Sympathie“ in: *Herkner* 1980, S. 187ff.

Einlassungen in der Verhandlung, angewiesen, um zu einem Ergebnis, nämlich dem Urteil darüber, ob er strafbefreiend zurückgetreten ist, zu kommen. Gerade an den Punkten, an denen es primär auf das Vorstellungsbild des Täters von der Tat ankommt, können die Richterinnen und Richter sich nur dann ein Bild machen, wenn sich der Angeklagte selbst dazu äußert; ob sie zu einem Urteil kommen, und welches Urteil das ist, hängt stark vom Angeklagten ab.

Wenn, wie *Berscheid*, *Graziano*, *Monson* und *Dermer* konstatieren, eine solche Ergebnisabhängigkeit dazu führt, dass der Beobachter den Akteur als sympathischer wahrnimmt, sich stärker für ihn interessiert und daher zu positiven Dispositionsattributionen tendiert, vermag dieser Zusammenhang die Täterfreundlichkeit des Bundesgerichtshofs gerade in Rücktrittsfragen zu erklären. Die Ergebnisabhängigkeit ist in diesen Fällen besonders stark, da es um Aspekte der inneren Vorstellung und Einstellung des Täters geht, über die nur er Auskunft geben kann; damit ist also auch die Tendenz der beobachtenden Richterinnen und Richter zu Sympathie, Interesse und Personenattributionen entsprechend groß.

5. Die Tauglichkeit der Attributionstheorie als Erklärung für die Täterfreundlichkeit des Bundesgerichtshofs beim Rücktritt von versuchten Tötungsdelikten

Die sozialwissenschaftliche Theorie der Zuschreibung von Verantwortlichkeit im Wege der Attribution lässt sich generell auf strafrechtliche Prozesse anwenden, und innerhalb dieser auch speziell auf die Beurteilung von Rücktrittsfragen. Die Richterinnen und Richter fungieren als Beobachter, die den Handlungen des Angeklagten als Stimulusperson Ursachen zuordnen, die entweder in der Person des Angeklagten oder aber in äußeren situationsbedingten Umständen begründet liegen. Dabei schreiben sie dem Angeklagten Verantwortlichkeit für seine Aktionen zu, und zwar auf den Ebenen der Kausalität und der Intentionalität.

Die Attributionstheorie vermag also zu erklären, im Wege welcher kognitiver Prozesse Richterinnen und Richter des Bundesgerichtshofs zu Entscheidungen über einen möglichen strafbefreienden Rücktritt des Täters kommen. Dafür, dass diese Entscheidungen in einem Großteil der Fälle zugunsten des Täters gefällt werden, kann sie für sich allein jedoch - noch - keine befriedigende Erklärung liefern.

Es ist - genau wie bei den Funden der zur account-Theorie gehörigen empirischen Forschung - vorstellbar, dass die oben genannten Faktoren auch im Gerichtsverfahren eine bedeutende Rolle spielen und den Prozess der Entscheidungsfindung unmittelbar zugunsten oder auch zu Ungunsten des Angeklagten beeinflussen. Um diese Möglichkeit in eine Gewissheit verwandeln zu können, müssten die Verfahren vor dem Bundesgerichtshof, in denen es um Rücktrittsfragen geht, empirisch darauf untersucht werden, ob in ihnen solche Faktoren gehäuft auftreten, die zu einer positiven und personenbezogenen Attribution von Verantwortlichkeit führen. Solche Untersuchungen sind bisher nicht durchgeführt worden; und sie sind auch mit einem Ausmaß an Aufwand verbunden, der Zweifel daran aufkommen lässt,

ob sie jemals stattfinden werden. Es ist davon auszugehen, dass bei einer direkten Befragung von Richterinnen und Richtern der einzelnen Strafsenate keine im Sinne der attributionstheoretischen Forschung befriedigenden Ergebnisse zu Tage gefördert werden: auf die Frage, warum er oder sie den betreffenden Angeklagten für rücktrittswürdig erachtet, wird wohl keine Richterin und kein Richter antworten, er oder sie habe den Angeklagten attraktiv oder sympathisch gefunden, mit dem Angeklagten Mitleid gehabt oder den Angeklagten als souverän und gewandt im Auftreten erlebt. Wahrscheinlich ist vielmehr eine Antwort im Sinne eines „Die Tatbestandsvoraussetzungen für den Rücktritt waren eben im konkreten Fall doch gegeben, und das hat die erste Instanz fälschlicherweise verkannt." Eine solche Erklärung gibt aber für die Attributionsforschung nichts her; relevant ist ja gerade zu erfahren, warum die Richterinnen und Richter die Tatbestandsvoraussetzungen als erfüllt beurteilt haben, wenn die erste Instanz dies nicht getan hat.
Um zu verwertbaren empirischen Ergebnissen zu kommen, müssten also, wie es bei der account-Forschung auch nötig wäre, in dem konkreten Verfahren nicht urteilende Beobachter im Gerichtssaal sein, die sich in die Rolle der Urteilenden hineinversetzen und dann ihre Eindrücke zum Zwecke einer analytischen Auswertung abgeben müssten - ein aufwändiges, zeit- und kostenintensives Verfahren.
Selbst wenn eine solche Untersuchung durchgeführt würde, wäre dabei, genau wie bei der account-Theorie, ein weiterer Aspekt zu beachten: die Richterinnen und Richter des Bundesgerichtshofs erhalten die für die von ihnen vorzunehmende Attribuierung bedeutenden Informationen über das Tatgeschehen und den Angeklagten in zweifacher Form gefiltert. Schon auf das Gericht der ersten Instanz trifft es zu, dass es den Tatablauf nur aus zweiter Hand erfahren kann. Es hat aber im Gegensatz zum Bundesgerichtshof als Revisionsinstanz die Möglichkeit, Angeklagte und Zeugen direkt zu sehen, hören, befragen und erleben und sich zumindest auf diese Weise Informationen aus erster Hand zu verschaffen.[552]
Den Richterinnen und Richtern des Bundesgerichtshof ist diese Option im Rahmen der Revisionsverhandlung zumeist vorenthalten. Der Angeklagte kann bei der Revisionshauptverhandlung anwesend sein, er muss es jedoch laut § 350 Abs. 2 S. 1 StPO nicht[553] - von einer potenziellen Sympathie für den Angeklagten oder von dessen Attraktivität kann sich der Senat also nicht unbedingt ein eigenes direktes Bild machen. Der Angeklagte kann, muss aber nicht im Freibeweisverfahren vernommen werden[554] - ob der Angeklagte eine Glaubwürdigkeit vermittelnde Stimme hat und ruhig und langsam spricht, lässt sich vom Bundesgerichtshof demnach auch nicht immer feststellen. Manche der oben aufgeführten Faktoren zur Beeinflussung des Attributionsprozesses können demnach im Revisionsverfahren vor dem Bundesgerichtshof keine oder nur eine marginale Rolle spielen.

---

[552] Allerdings ist das nur mit einem deutlichen zeitlichen Abstand zur Tat an sich möglich.
[553] *Meyer-Goßner*, § 350, Rn. 3
[554] *Meyer-Goßner*, § 350, Rn. 3 und § 351, Rn. 3

Eine andere Situation zeigt sich allerdings für die Verhandlung vor dem erstinstanzlichen Gericht.

a) Die Anwesenheit von Angeklagten und Zeugen im erstinstanzlichen Prozess

Die Voraussetzungen, die aufgrund ihres Nichtvorliegens bei einer Revisionsverhandlung vor dem Bundesgerichtshof eine direkte Übertragung der empirischen Daten der Attributionsforschung auf den Entscheidungsfindungsprozess der Richterinnen und Richter verhindern, sind bei einer Hauptverhandlung vor dem Gericht der ersten Instanz gegeben: der Angeklagte ist zur Anwesenheit gemäß den §§ 230 und 231 StPO verpflichtet, er wird vom Gericht befragt und kann sich sowohl zu seiner Person als auch zum Tatgeschehen äußern.
Hier könnten demnach auch die bereits genannten Einzelfaktoren aus der empirischen Attributionsforschung Einfluss auf die Entscheidung des Gerichts haben - und dass sich bei den erstinstanzlichen gerade keine täterfreundliche Tendenz in Rücktrittsfragen ausmachen lässt,[555] legt die Vermutung nahe, die Anwesenheit des Angeklagten in der erstinstanzlichen Verhandlung führe eher zu negativen denn zu positiven Attributionen.
Diese Vermutung ist insbesondere dann einleuchtend, wenn man folgende Überlegungen anstellt: erstens könnte ein Angeklagter, der in persona auftritt, dem Gericht aus dem Grunde unähnlich[556] und unsympathisch[557] sein, dass es sich in direkter Form mit einer Person auseinanderzusetzen hat, die einem anderen Menschen Schaden zugefügt hat. Zwar ist es die Aufgabe jedes Richters und jeder Richterin, sich genau dieser Situation in jedem Verfahren aufs Neue zu stellen; das bedeutet jedoch nicht zwangsläufig, dass eine komplette Abstumpfung gegenüber dem dem Opfer beigebrachten Leid erfolgen könnte oder sollte (oder gar müsste), und sich deshalb eine aufgrund der begangenen Tat dem Täter gegenüber empfundene Antipathie nicht einstellen könnte. Zweitens liegt es nicht fern, dass gerade Stimme, Sprache und Ausdrucksweise[558] eines Angeklagten in der Situation im Gerichtssaal durch Nervosität beeinträchtigt sind, und unter dieser Beeinträchtigung beim Angeklagten auch die Attribution positiver und internaler Dispositionen durch die Richterinnen und Richter leidet. Und drittens ist nicht ausgeschlossen, dass das Gericht das für die Attribuierung positiver Eigenschaften förderliche Mitleid[559] in der Hauptverhandlung nicht mit dem Angeklagten, sondern mit dem anwesenden geschädigten Zeugen empfindet.
Diese Überlegungen führen dazu, dass sich die im Vergleich mit den Entscheidungen des Bundesgerichtshofs eher täterfeindliche Rechtsprechung der erstinstanzlichen Gerichte in Rücktrittsfragen nicht nur abstrakt mit der

---

[555] Die Ausnahme bildet das Urteil des LG München II im so genannten „Krankenhaus-Fall"; siehe dazu oben S. 98f.
[556] siehe dazu oben S. 119
[557] siehe dazu oben S. 119
[558] siehe dazu oben S. 108ff. und S. 120f.
[559] siehe dazu oben S. 122

Attributionstheorie, sondern auch konkret mit den in der Attributionsforschung gewonnenen empirischen Faktoren durchaus erklären lässt.

Im Umkehrschluss bedeutet das natürlich auch, dass die Abwesenheit von Zeugen und die eher passive Rolle des Angeklagten in der Revisionsverhandlung vor dem Bundesgerichtshof eine Erklärung für dessen Täterfreundlichkeit in Rücktrittsfragen liefern können: zwar kann der Angeklagte wenig Einfluss auf eine mögliche positive Attribution nehmen, er kann aber gleichzeitig durch sein Auftreten auch keine negative Attribuierung hervorrufen.

b) Die Attributionsforschung als Grundlage der Verhandlungsvorbereitung

Aus dem oben Ausgeführten lässt sich ein weiterer Zweck ableiten, den die Attributionsforschung im Hinblick auf Strafprozesse erfüllen kann, nämlich den der Vorbereitung von Gerichtsverhandlungen.

Erstens kann sie ein Mittel für Angeklagte und Verteidigerinnen und Verteidiger dazu sein, Einfluss auf das Ergebnis des erstinstanzlichen Strafverfahrens zu nehmen, indem solche Verhaltensweisen und Charakterzüge des Angeklagten betont werden, die nach den Ergebnissen der Forschung positive Attributionen hervorrufen und verstärken - sei es beispielsweise, dass die Verteidigerin oder der Verteidiger mit dem Angeklagten im Vorfeld detailliert und mit besonderem Blick auf die erwähnten Forschungsergebnisse bespricht oder übt, wie sich der Angeklagte einlassen soll, sei es, dass die Verteidigerin oder der Verteidiger feststellt, dass es besser ist, die Einlassung des Angeklagten selbst vorzulesen.

Zweitens kann die Verteidigerin oder der Verteidiger im Falle eines Revisionsverfahrens selbst darauf achten, zum Beispiel bei der Abfassung der Revisionsbegründung auf eine klare Sprache zu achten oder solche innere Vorgänge des Täters bei der Tat hervorzuheben, die positive Dispositionsattributionen hervorrufen können.

Und drittens können bei Kenntnis der Attributionstheorie auf Seiten der Gerichte Fehler in der Attribuierung vermieden und Urteile stärker in Frage gestellt werden, Richterinnen und Richter können also verhindern, dass sie unbewusst in Attributionsfallen tappen.

c) Zusammenfassung

Aufgrund der mangelnden empirischen Forschung in den Gerichtssälen ist bislang nur als noch zu belegende These festzuhalten, dass die Attributionstheorie durchaus erklären kann, warum der Bundesgerichtshof bei seinen Entscheidungen zum Rücktritt von versuchten Tötungsdelikten zu so täterfreundlichen Ergebnissen kommt.

Als Werkzeug für die Vorbereitung von Gerichtsverhandlungen kann die Attributionsforschung allerdings bereits dienen; sowohl für das Gericht als auch für den Angeklagten und seine Verteidigung.[560]

---

[560] Selbstverständlich gelten die Ausführungen auch für die Beurteilung der Aussagen von Zeugen.

B. Orientierung des Bundesgerichtshofs an mangelndem Erfolgsunrecht, Mitverwirklichung von Durchgangsdelikten und der Bundesgerichtshof als letzte Instanz - Erklärungsansätze aus der Rechtswissenschaft

Möglicherweise hilft zusätzlich ein weiterer Erklärungsansatz zu verstehen, warum der Bundesgerichtshof gerade in Fällen versuchter Tötungsdelikte den Rücktritt so häufig täterfreundlich bejaht: die Annahme, der Bundesgerichtshof orientiere sich in Rücktrittsfragen stark an der Messlatte des Erfolgsunrechts der Tat und sehe über das begangene Handlungsunrecht großzügig hinweg.

I. Erfolgsunrecht und Handlungsunrecht

Die Rechtswidrigkeit einer Tat wird durch zwei Komponenten bestimmt: auf der einen Seite durch den Handlungsunwert der Tat, auf der anderen Seite durch deren Erfolgsunwert.[561] Dabei liegt der Handlungsunwert einer strafbaren Tat - wie sich aus dem Begriff unschwer entnehmen lässt - in der Tathandlung in Form eines Angriffs auf das geschützte Handlungsobjekt,[562] der auf die Erzielung des Erfolgsunwerts, also die Verletzung oder Gefährdung des Handlungsobjekts,[563] ausgerichtet ist. Der Erfolgsunwert dagegen ist in der tatsächlichen und konkreten Gefährdung oder Verletzung des Handlungsobjekts zu sehen,[564] also in dem einer anderen Person oder der Allgemeinheit zugefügten Schaden.[565]

Korrespondierend mit dem Handlungs- und Erfolgsunwert der rechtswidrigen Tat setzt sich das Tatunrecht ebenfalls aus zwei Teilen zusammen:[566] dem Handlungsunrecht, bestehend aus der tatbestandsmäßigen Handlung und denjenigen gesetzlichen Merkmalen des Tatbestandes, die die Art der Tatbegehung beschreiben,[567] und dem Erfolgsunrecht, enthalten in der Gefährdung oder Verletzung des geschützten Rechtsguts und in dem dadurch entstandenen Schaden.[568]

Überträgt man diesen abstrakten dualistischen Ansatz zum Tatunrecht auf den konkreten Fall eines Tötungsdelikts, kommt man zu folgendem Ergebnis: das Handlungsunrecht besteht erstens aus der auf das Erreichen des tatbestandlichen Erfolges (Tod des Opfers) gerichteten Aktivität (Schießen, Stechen, Schlagen, Würgen etcetera), zweitens aus solchen Merkmalen des gesetzlichen Tatbestandes, die sich auf die Weise der Tatausführung beziehen (beispielsweise die Mordmerkmale des § 211), und drittens auf die subjektive Tatseite, also auf den Handlungswillen des Täters. Das Erfolgsunrecht liegt in dem tatbestandlichen Erfolg, den die jeweilige gesetz-

---

561 LK(11.)-*Jescheck*, vor § 13, Rn. 11

562 NK-*Puppe*, vor § 13, Rn. 20; LK(11.)-*Jescheck*, vor § 13, Rn. 11

563 LK(11.)-*Jescheck*, vor § 13, Rn. 11; NK-*Puppe*, vor § 13, Rn. 20

564 LK(11.)-*Jescheck*, vor § 13, Rn. 11

565 NK-*Puppe*, vor § 13, Rn. 20

566 so jedenfalls die wohl herrschende dualistische Unrechtslehre (siehe dazu LK(11.)-*Jescheck*, vor § 13, Rn. 44 mit weiteren Nachweisen); anderer Ansicht beispielsweise MüKo-*Freund*, vor §§ 13ff., Rn. 300ff.

567 LK(11.)-*Jescheck*, vor § 13, Rn. 44

568 NK-*Puppe*, vor § 13, Rn. 20

liche Norm als sanktionswürdig ansieht, im Falle der Tötungsdelikte demnach in der Tötung eines anderen Menschen.
Aus diesem Beispiel ergibt sich eindeutig, dass bei Straftaten, die nicht zur Vollendung gelangt sind, der Aspekt des Erfolgsunrechts nicht erfüllt wird, da der gesetzlich normierte Tatbestanderfolg ja gerade nicht eingetreten ist.[569]
Es wäre also möglich, dass sich der Bundesgerichtshof auf diesen Mangel an Verwirklichung des Erfolgsunrechts stützt, wenn er gerade beim Versuch von Tötungsdelikten den Rücktritt sehr großzügig bejaht.
Eine solche Überlegung liegt mit Blick auf das Strafmaß - lebenslange Freiheitsstrafe bei Mord und besonders schweren Fällen des Totschlags, eine Mindestfreiheitsstrafe von fünf Jahren bei Totschlag - nicht sehr fern: der Gedanke „Warum soll der Täter lebenslang bekommen, wenn doch niemand zu Tode gekommen ist?" lässt sich nicht allzu schwer nachvollziehen.
Wenn sich also die Rechtsprechung auf den Standpunkt stellte, das Strafmaß müsse in unmittelbarer und direkter Form den durch die Tat verursachten Schaden widerspiegeln, und die Option des Rücktritts heranzöge, um einem eventuellen Ungleichgewicht zwischen begangenem Tatunrecht und zu verhängender Strafe vorzubeugen, wäre diese Positionierung als Erklärung für die Täterfreundlichkeit der Strafsenate beim Rücktritt von versuchten Tötungsdelikten zunächst einleuchtend.[570]
Allerdings ist dieser Erklärungsansatz aus mehreren Gründen mit Skepsis zu betrachten.
Es ist ja nicht so, dass Richterinnen und Richter in Fällen versuchter Tötungsdelikte vor der Entscheidung stünden, dem Täter entweder das Rücktrittsprivileg zu gewähren oder aber unweigerlich eine lebenslange Freiheitsstrafe verhängen zu müssen. Der Gesetzgeber trägt der Tatsache, dass mit der Versuchstat ein geringeres Unrecht verwirklicht wird als es bei der vollendeten Straftat der Fall ist, in § 22 II Rechnung, indem er für den Versuch die Möglichkeit einer milderen Bestrafung vorsieht: gemäß § 49 I, auf den § 22 II verweist, kann danach eine lebenslange Freiheitsstrafe auf eine Freiheitsstrafe nicht unter drei Jahren, eine zeitige Freiheitsstrafe auf drei Viertel des angedrohten Höchstmaßes reduziert werden.[571]
Außerdem widerspräche eine Orientierung der höchstrichterlichen Entscheidungen am mangelnden Erfolgsunrecht der Versuchstat in eklatanter Weise der gesetzgeberischen Intention. § 23 I stellt den Versuch einer Tat - soweit sie die in der Vorschrift festgelegten Voraussetzungen erfüllt - gerade deshalb unter Strafe, weil der Versuchstäter einen rechtsfeindlichen Willen betätigt und

---

[569] Richtig ist, dass auch die Gefährdung des zu schützenden Handlungsobjekt unter den Begriff des Erfolgsunwerts und -unrechts gefasst wird, siehe dazu oben Fn. 531 und 534. Eine solche Gefährdung des Rechtsguts stellt aber regelmäßig nur dann ein Erfolgsunrecht dar, wenn es sich um Gefährdungsdelikte handelt. Bei Erfolgsdelikten, wie es Tötungsdelikte sind, ist hingegen das Erfolgsunrecht erst begangen, wenn der Taterfolg auch tatsächlich eingetreten ist.

[570] Für versuchte Sexualdelikte gilt Ähnliches; so sieht zum Beispiel § 177 für die vollendete Vergewaltigung eine Mindestfreiheitsstrafe von zwei Jahren vor.

[571] Allerdings handelt es sich bei der in § 22 II festgelegten Strafmilderungsregel lediglich um eine fakultative Milderung; ein Zwang des Gerichts, von dieser Möglichkeit Gebrauch zu machen, existiert nicht.

durch seine Handlungen manifestiert hat,[572] auch ohne dass der tatbestandliche Erfolg eingetreten ist.
Dabei ist der Wortlaut der §§ 22, 23 I und II sowie 49 I absolut unzweideutig. Versuchte der Bundesgerichtshof also, die zu erwartende Freiheitsstrafe bei versuchten Tötungsdelikten im Wege einer besonders großzügigen Anwendung der Rücktrittsvorschrift sozusagen weiter mildern zu wollen, unterliefe er ohne Zweifel den Willen des Gesetzgebers. Das aber ist insbesondere deshalb problematisch, weil sich der Bundesgerichtshof gerade bei der Auslegung einzelner Tatbestandsmerkmale des § 24 immer wieder zur Begründung der von ihm vertretenen Auffassungen auf das Wortlautargument gestützt hat;[573] den Wortlaut der betreffenden Normen dort nicht zu akzeptieren, wo es nicht in das eigene Entscheidungskonzept passt, und an anderen Stellen als Hauptargument für die eigenen Thesen heranzuziehen, ist nicht konsequent.
Und drittens ist eine Orientierung am mangelnden Erfolgsunrecht kritisch zu betrachten, weil sie die Gefahr in sich trägt, dass auf diesem Wege das gerichtliche Verfahren in einem für das Tatopfer unverständlichen Urteil resultiert. Es ist vorstellbar, dass das Opfer einer versuchten Tötung[574] zumindest nicht auf Anhieb nachvollziehen kann, warum der Täter für diese spezifische Tat straffrei ausgeht - für das Opfer ist eventuell weniger relevant, was nicht passiert ist (also der Eintritt des tatbestandlichen Erfolgs), und bedeutsamer, was geschehen ist (nämlich die versuchte Handlung).[575] Ein solches Unverständnis beim Opfer trägt jedoch nicht dazu bei, dass bei allen Verfahrensbeteiligten ein Gefühl der Verfahrensfairness und Rechtssicherheit entsteht.
Wie *Hassemer* es formuliert, muss „Strafrecht die Institutionen und Instrumente des Alltaglebens bewerten, und zwar nicht nur einmal, sondern immer wieder."[576] Damit sich bei jeder neuen Bewertung im Einzelfall alle Verfahrensbeteiligten gerecht behandelt fühlen, ist es notwendig, dass die Linie der Rechtsprechung auf eine allgemein nachvollziehbare Weise konstant und konsistent ist; wenig sinnvoll ist es, generelle Maßstäbe aufzustellen, die dann im einzelnen Fall doch nicht befolgt werden, und zwar mit dem Argument, der Sachverhalt sei anders gelagert. Aus Gesichtspunkten des Opferschutzes muss die Annahme eines strafbefreienden Rücktritts detailliert und explizit

---

[572] LK(11.)-*Hillenkamp*, vor § 22, Rn. 60ff.; NK-*Zaczyk*, § 22, Rn. 10f.
[573] so bei seiner Ablehnung der Prämientheorie als ratio legis des § 24 (siehe dazu oben S. 23ff.), der Bejahung des unbeendeten Versuchs auch nach Erreichen des außertatbestandlichen Handlungsziels (siehe dazu oben S. 48ff. und S. 83ff.), der Anwendung der psychologisierenden Interpretation des Freiwilligkeitsbegriffs (siehe dazu oben S. 50ff. und S. 85ff.) und der Ansicht, im Hinblick auf die an das Rücktrittsverhalten des Täters zu stellenden Anforderungen sei nicht der Optimalitätslösung zu folgen (siehe dazu oben S. 58ff. und S. 88ff.)
[574] oder auch einer versuchten Vergewaltigung
[575] Es gibt sicher auch Opfer, die - beispielsweise, weil sie dem Täter dafür dankbar sind, dass er sie am Leben gelassen hat - verstehen können, warum im konkreten Fall das Rücktrittsprivileg greift und „nur" eine Bestrafung wegen eines vollendeten Körperverletzungsdelikts in Betracht kommt. Es ist jedoch nicht anzunehmen, dass ein solches Verständnis den Regelfall darstellt.
[576] *Hassemer* 1990, S. 221

begründet werden, da das Opfer verstehen können muss, warum der Täter im konkreten Fall nicht für seine Versuchstat bestraft wird, obwohl das Gesetz diese Möglichkeit vorsieht. Für eine im Strafverfahren angestrebte Konfliktbeilegung ist es von zwingender Notwendigkeit, dass im Sinne einer distributiven Gerechtigkeit[577] alle am Verfahren Beteiligten nach der Urteilsverkündung das Gefühl haben, angemessen behandelt worden zu sein, und zwar auch aus dem Grund, dass das Befolgen von Entscheidungen gesetzlicher Autoritäten nicht zuletzt davon abhängt, ob die Entscheidungen der Legislative und der Judikative als gerecht empfunden werden.[578]
Zumindest an dieser letztgenannten Voraussetzung der Verfahrensgerechtigkeit könnten es den Entscheidungen des Bundesgerichtshofs zum Rücktritt von versuchten Tötungsdelikten mangeln: es ist gut denkbar, dass eine großzügige Anwendung der Rücktrittsvorschrift, wie sie von den Strafsenaten betrieben wird, nicht zwingend zu einem Gefühl der gerechten Behandlung beim Opfer einer versuchten Tötung führt.

II. Bestrafung wegen mitverwirklichter Delikte bei versuchten Tötungsdelikten

In einer Hinsicht nehmen versuchte Tötungsdelikte eine besondere Stellung innerhalb der Versuchsdelikte ein: es wird regelmäßig so sein, dass zwar nach erfolgtem Rücktritt eine Strafbarkeit wegen versuchten Mordes oder Totschlags entfällt, eine Strafbarkeit wegen mitverwirklichter vollendeter Körperverletzungsdelikte jedoch bestehen bleibt.[579]
Während beispielsweise der Rücktritt vom versuchten Diebstahl zumeist in einer kompletten Straflosigkeit resultiert, wird ein Täter, der von einem versuchten Tötungsdelikt strafbefreiend zurückgetreten ist, deshalb nicht insgesamt straffrei ausgehen. Ist bei einem versuchten Tötungsdelikt eine vollendete Körperverletzung als Durchgangsdelikt mitbegangen, wird es sich dabei mit aller Wahrscheinlichkeit um eine gefährliche Körperverletzung handeln - wer zumindest zu Beginn der Tat mit Tötungsvorsatz handelt, wird sich bei der konkreten Art der Tatausführung nicht auf eine einfache Körperverletzungs-

---

[577] siehe dazu *Bierbrauer* 1982, S. 5

[578] *E. Allan Lind*: „Verfahrensgerechtigkeit und Akzeptanz rechtlicher Autorität" in: *Bierbrauer et al.* 1995, S. 3ff.

[579] So kommt es in einer Vielzahl der im Zweiten Kapitel geschilderten Fälle zu einer Verurteilung wegen einer vollendeten gefährlichen Körperverletzung nach § 224 I, sei es aufgrund des Einsatzes von Schusswaffen (BGHSt 33, 295-302; BGH, Urteil vom 23. Oktober 1991, 3 StR 321/91; Urteil vom 4. April 1995, 1 StR 772/94; Beschluss vom 11. März 1999, 4 StR 56/99), Messern (BGHSt 22, 330-334; BGHSt 31, 170-177; BGHSt 39, 221-232; BGH, Urteil vom 5. Dezember 1985, 4 StR 593/85; Beschluss vom 21. März 2001, 3 StR 535/00) oder anderer gefährlicher Werkzeuge (ein gefüllter Flachmann in BGHSt 10, 129-132; eine Bierflasche, ein schwerer Glasaschenbecher und ein Stuhl in BGHSt 31, 46-50; ein Auto in BGHSt 34, 53-58; ein Baseballschläger in BGH, Beschluss vom 9. Dezember 1998, 5 StR 584/98; eine zersplitterte Glasflache in BGH, Beschluss vom 24. November 2000, 2 StR 317/00; ein Weihnachtsbaumständer in BGH, Beschluss vom 11. Februar 2003, 4 StR 25/03) oder aber wegen einer das Leben des Opfers gefährdenden Behandlung (Brandlegung in einem Wohnheim in BGH, Beschluss vom 12. November 1998, 4 StR 575/98; das Aufdrehen von Gashähnen in einem Zwölf-Parteien-Wohnhaus in BGH, Beschluss vom 14. August 2002, 2 StR 251/02).

handlung beschränken.[580] Für diese sieht § 224 I im Strafrahmen neben der Möglichkeit einer Geldstrafe die einer Freiheitsstrafe von bis zu zehn Jahren vor.[581] Es wäre also möglich, dass die Täterfreundlichkeit des Bundesgerichtshofs beim Rücktritt von versuchten Tötungsdelikten auf der Überlegung basierte, es „bleibe auch dann genügend Strafe übrig", wenn die Bestrafung wegen des Versuchs wegfalle.

Diesem Gedanken lassen sich jedoch exakt die Argumente entgegenhalten, die auch gegen die Orientierung am mangelnden Erfolgsunrecht der Versuchstat sprechen: erstens sieht das Gesetz eine Strafbarkeit auch für versuchte Tötungsdelikte vor, eine Begrenzung der Versuchsstrafbarkeit auf solche Delikte, bei denen es keine mitbegangenen Durchgangsdelikte gibt, ist im Wortlaut nicht vorgesehen. Zweitens wäre eine solche „nur, wenn nicht"-Strafbarkeit auch nicht im Sinne dessen, was der Gesetzgeber mit der Vorschrift des § 23 I bezweckt - die ratio legis für die Versuchsstrafbarkeit liegt in der Betätigung eines rechtsfeindlichen Willens und nicht darin, mit allen Mitteln dort zu einer Bestrafung zu kommen, wo kein vollendetes Delikt für selbige sorgen kann. Und drittens sind auch hier Aspekte des Opferschutzes und der Verfahrensgerechtigkeit zu berücksichtigen: dem Opfer eines Tötungsversuchs verständlich zu machen, dass der Täter zwar zugegeben hat, den Betreffenden umbringen zu wollen, und dies auch versucht hat, im Endeffekt aber wegen der versuchten Tötung nicht bestraft wird, weil ja eine vollendete Körperverletzung vorliegt, dürfte zumindest schwierig werden.

III. Der Bundesgerichtshof als letzte Instanz

Möglicherweise spielt bei der Täterfreundlichkeit der Strafsenate beim Rücktritt von versuchten Tötungsdelikten eine Rolle, dass der Bundesgerichtshof im wahrsten Sinne des Wortes die letzte Instanz ist - wenn er nicht zugunsten des Täters entscheidet, dann tut es eben niemand. Dabei könnten zwei Aspekte von Bedeutung sein. Zum einen könnte man daraus, dass sich ein Angeklagter die „Mühe macht", in das Revisionsverfahren zu gehen, die Vermutung ableiten, er sei tatsächlich in der ersten Instanz ungerecht behandelt worden; wenn sich die Revisionsbegründung explizit auf die Ablehnung des Rücktritts durch das erstinstanzliche Gericht stützt, könnte also diese Ungerechtigkeit in der Verneinung des Rücktrittsprivileg liegen. Und zum anderen wäre denkbar, dass der Bundesgerichtshof sich auf den Standpunkt stellt, wenn ihm die Entscheidung obliegt, lieber einen Rücktritt zu bejahen als den Täter zu Unrecht zu der dem Strafrahmen der Versuchstat angemessenen Freiheitsstrafe zu verurteilen.

Der erste Aspekt ist zumindest mit Vorsicht zu genießen: es ist möglich, dass ein tatsächlich zurückgetretener Täter versucht, diesen Rücktritt mit allen ihm zur Verfügung stehenden Mitteln vom Gericht anerkennen zu lassen, es ist allerdings auch nicht fernliegend, dass das Gleiche für einen Täter gilt, der

---

580 siehe dazu oben Fn. 614

581 Drastischer ist die Bestrafung in Fällen einer versuchten Vergewaltigung: bei einer vollendeten sexuellen Nötigung als Durchgangsstadium zu einer versuchten Vergewaltigung handelt es sich um ein Verbrechen: § 178 I gibt als Strafrahmen eine Freiheitsstrafe von einem bis zu zehn Jahren vor.

eben nicht zurückgetreten ist und trotzdem keine der vom Gesetz angebotenen Optionen ungenutzt lassen will.
Von größerer Plausibilität ist der zweite Aspekt, also der des „Im Zweifel für den Angeklagten"-Prinzips. Der Bundesgerichtshof betont in seinen Entscheidungen explizit, dass der „in dubio pro reo"-Grundsatz auch in der Beurteilung eines möglichen Rücktritts gilt,[582] und es liegt im Rahmen des Denkbaren, dass der Bundesgerichtshof in Fällen, in denen er die Richtigkeit der Entscheidung des erstinstanzlichen Gerichts - nämlich der Verneinung des Rücktritts - auch nur bezweifelt, eindeutig für den Rücktritt plädiert, um eine eventuell zu Unrecht erfolgende Bestrafung zu verhindern.[583]
Es ist dabei offensichtlich, dass das jeweilige Gericht der ersten Instanz solche Zweifel im Hinblick auf die Ablehnung des Rücktritts im konkreten Fall nicht gehabt haben kann, da es ja anderenfalls im Zweifel für den Angeklagten hätte entscheiden müssen. Es soll auch keineswegs den erstinstanzlichen Gerichten unterstellt werden, sie gäben sich bei der Beurteilung von Rücktrittsfragen weniger Mühe oder arbeiteten überhaupt im Hinblick auf den Täter entlastende Optionen weniger sorgfältig, da ihm ja schließlich der Weg in die nächste Instanz offen steht. Es ist jedoch nicht völlig abwegig anzunehmen, dass die Position des Bundesgerichtshofs als letzte Instanz des Strafverfahrens einen täterfreundlichen Einfluss auf den Entscheidungsfindungsprozess bei den Richterinnen und Richtern der Strafsenate hat.

IV. Die Tauglichkeit der rechtswissenschaftlichen Ansätze als Erklärung für die Täterfreundlichkeit des Bundesgerichtshofs beim Rücktritt von versuchten Tötungsdelikten

Zusammenfassend lässt sich festhalten, dass zwar die oben genannten Erklärungsansätze - eine Orientierung des Bundesgerichtshofs am mangelnden Erfolgsunrecht der Versuchstat, die bereits feststehende und eventuell als ausreichend bewertete Bestrafung aufgrund mitverwirklichter vollendeter Durchgangsdelikte und die Stellung des Bundesgerichtshof als letzte Instanz des Strafverfahrens - durchaus geeignet sind, die Täterfreundlichkeit der höchstrichterlichen Rechtsprechung in Rücktrittsfragen bei versuchten Tötungsdelikten zu erklären. Jeder einzelne Ansatz ist zunächst einmal plausibel und nachvollziehbar.
Trotzdem bleibt neben den bereits angesprochenen Problemen, die diesen Erklärungsansätzen innewohnen, namentlich der Unvereinbarkeit mit dem Wortlaut der jeweiligen strafrechtlichen Norm und der vom Gesetzgeber intendierten ratio legis sowie der Schwierigkeit, dem Tatopfer das Ergebnis im Wege

---

[582] BGH, Beschluss vom 12. März 1969, 2 StR 33/69 (zusammengefasst bei *Dallinger*, MDR 1969, 532) und Beschluss vom 7. November 2000, 4 StR 456/00

[583] Träfe diese Überlegung tatsächlich zu, dann zeigte sich im Entscheidungsverhalten des Bundesgerichtshofs erneut eine dem allgemeinen kriminalpolitischen diametral entgegengesetzte Tendenz zugunsten des Täters. In der öffentlichen Diskussion um Vollzugslockerungen für Sexualstraftäter oder deren Entlassung nach Verbüßung der Strafe wird zur Zeit viel eher die Auffassung vertreten, man möge - überspitzt ausgedrückt - lieber hundert Unschuldige ungerechtfertigt im Knast als einen Schuldigen ungerechtfertigt auf die Straße lassen.

dieser Begründungen verständlich zu machen, ein weiteres Hindernis in Bezug auf die Validität der Überlegungen als Erklärung für die rücktrittsfreundliche Tendenz der Strafsenate bestehen. Keiner der Erklärungsansätze ist bislang empirisch belegt, und es ist zu vermuten, dass die Möglichkeit einer Belegbarkeit auch nicht existiert. Selbst wenn es tatsächlich so wäre, dass die Richterinnen und Richter des Bundesgerichtshofs bei versuchten Tötungsdelikten so großzügig von der Anwendung des Rücktrittsprivilegs Gebrauch machen, um eine in ihren Augen zu harsche Bestrafung zu verhindern oder als letzte Instanz den Täter ja nicht zu Unrecht zu verurteilen, könnten sie das wohl in Anbetracht des gesetzgeberischen Willens auf der einen und der allgemeinen kriminalpolitischen Stimmung auf der anderen Seite nicht offen äußern. Selbstverständlich ist es nicht Aufgabe der Rechtsprechung, dem allgemeinen politischen Klima jederzeit zu folgen. Es ist allerdings auch nicht ihre Aufgabe, gesetzgeberische Vorgaben in einer Vielzahl von Einzelentscheidungen zu umgehen, indem sie die Anwendung speziell einer Vorschrift so ausweitet, dass faktisch andere Normen unterlaufen werden.
Wäre beispielsweise der Fall, dass die Richterinnen und Richter des Bundesgerichtshofs die Auffassung verträten, die fakultative Strafmilderung nach den §§ 23 I, 49 I berücksichtige den Aspekt des bei der Versuchstat nicht realisierten Erfolgsunrechts in nicht ausreichender Weise, kann streng genommen eine Auflösung dieser Diskrepanz zwischen dem Wunsch des Gesetzgebers und der höchstrichterlichen Rechtsprechung nicht im Wege einer vermehrten Gewährung des Rücktrittsprivilegs durch die Strafsenate erfolgen. Das korrekte Procedere bestünde vielmehr darin, auf eine stärkere Möglichkeit der Strafmilderung für Versuchstaten hinzuwirken.[584]
Dementsprechend werden die Richterinnen und Richter der einzelnen Strafsenate solche Motivationen für ihr täterfreundliches Entscheidungsverhalten, wie sie hier dargestellt werden, aller Wahrscheinlichkeit nach in keiner Form publiziert sehen wollen, so dass eine Beweisbarkeit der genannten Erklärungsansätze wohl nicht möglich ist.

C. Fazit

Durch die dargestellten sozialwissenschaftlichen Untersuchungen zur Imagepflege, account- und Attributionstheorie lässt sich die Täterfreundlichkeit, die der Bundesgerichtshof in seinen Entscheidungen zum Rücktritt von versuchten Tötungsdelikten an den Tag legt, zwar aufgrund bislang mangelnder empirischer Forschung auf dem speziellen Gebiet der höchstrichterlichen Rechtsprechung zwar nicht unmittelbar erklären. Das bereits vorhandene Untersuchungsmaterial zeigt jedoch, dass es eine Reihe von Faktoren gibt, die direkte Auswirkungen auf das Ergebnis des Entscheidungsfindungsprozesses haben - und dass bei Kenntnis dieser Faktoren der Angeklagte und seine Verteidigung das Verfahren zugunsten des Angeklagten

---

[584] Ob ein solches Vorhaben von Erfolg gekrönt wäre, ist zugegebenermaßen zweifelhaft, zumal an diesem Punkt das allgemeine kriminalpolitische Klima einen nicht zu unterschätzenden Einfluss auf das Verhalten der Legislative hat.

beeinflussen können. Dabei spielen insbesondere das Auftreten des Angeklagten und die Sprache, derer er sich dem Gericht gegenüber bedient, eine zentrale Rolle. Das Verfahren vor Gericht ist als Prozess einer interaktiven Kommunikation zwischen Richterinnen und Richtern und Angeklagten und Zeugen zu begreifen, auf dessen Resultat der Angeklagte durch die Beachtung von bestimmten Verhaltensmaßregeln aktiv Einfluss nehmen kann. Das gilt direkt für die Instanzen, vor denen der Angeklagte persönlich auftritt, und im Umkehrschluss auch für seine Nicht-Präsenz vor dem Bundesgerichtshof als Revisionsinstanz.

Die an die Rechtswissenschaft angelehnten Theorien zur Erklärung der Täterfreundlichkeit der höchstrichterlichen Rechtsprechung zum Rücktritt von versuchten Tötungsdelikten - die Orientierung am mangelnden, in der Versuchstat nicht realisierten Erfolgsunrecht, die als hinreichend empfundene Bestrafung wegen mitverwirklichter vollendeter Durchgangsdelikte und eine aus seiner Stellung als letzte Instanz resultierende „Großzügigkeit“ des Bundesgerichtshofs - vermögen die rücktrittsfreundliche Tendenz der Strafsenate zwar zu erklären. Faktisch belegbar sind sie jedoch nicht - und sie stellen sich im Hinblick sowohl auf die gesetzgeberische Intention, auf die sich die Normierung des Rücktrittsprivilegs gründet, als auch auf Aspekte der Verfahrensgerechtigkeit als problematisch dar.

Zusammenfassung

Ziel der vorliegenden Arbeit war es, zunächst durch eine Untersuchung der Rechtsprechung des Bundesgerichtshofs zum Rücktritt von versuchten Tötungsdelikten zu belegen, dass der Bundesgerichtshof, wann immer er vor die Entscheidung gestellt wird, zugunsten des Täters einen Rücktritt bejaht und die einzelnen Tatbestandsmerkmale in täterfreundlicher Weise auslegt.
Dazu haben das Erste und Zweite Kapitel folgende Resultate ergeben: als ratio legis des § 24 versteht der Bundesgerichtshof die Orientierung am Strafzweck; der Strafgrund des Versuchs entfällt mit dem Rücktritt des Täters, es ist weder aus spezial- noch generalpräventiven Gesichtspunkten erforderlich, die Tat des zurücktretenden Täters strafrechtlich zu sanktionieren. Dabei spielen auch Aspekte des Opferschutzes eine Rolle.
Sowohl beim fehlgeschlagenen Versuch als auch bei der Abgrenzung zwischen beendetem und unbeendetem Versuch stellt der Bundesgerichtshof für die Beurteilung mehraktiger Geschehen der Gesamtbetrachtungslehre folgend auf den Zeitpunkt der letzten Ausführungshandlung ab. So dehnt er den Anwendungsbereich des § 24 in zeitlicher Hinsicht deutlich stärker aus als es die Vertreter der Einzelaktstheorie tun.
Ob der Versuch beendet ist, beurteilt die Rechtsprechung anhand der subjektiven Betrachtungsweise nach dem Vorstellungsbild des Täters vom Tatgeschehen und folgt dabei der Lehre vom Rücktrittshorizont; es kommt also nicht auf den vor der Tat gefassten Plan des Täters an, sondern auf das, was er sich zum Zeitpunkt der letzten vom Tatgeschehen umfassten Einzelhandlung vorstellt. Auch hier zeigt sich die Täterfreundlichkeit des Bundesgerichtshofs: der Versuch bleibt dadurch länger im unbeendeten Stadium, aus dem der Täter durch die bloße Tataufgabe zurücktreten kann. Auch die Erreichung eines außertatbestandlichen Handlungsziels ändert daran nichts.
Die Freiwilligkeit definiert der Bundesgerichtshof in psychologisierender Weise und vertritt die Auffassung, der Rücktritt sei lediglich dann nicht freiwillig, wenn der Täter einem inneren oder äußeren Zwang unterliege. Darauf, dass der Täter aus rein autonomen oder gar ethisch hochwertigen Motiven zurücktritt, ist der Rechtsprechung zufolge nicht abzustellen, so dass auch dieses Tatbestandsmerkmal als täterfreundlich ausgelegt betrachtet werden kann.
Im Hinblick auf die Anforderungen an das Rücktrittsverhalten des Täters folgt der Bundesgerichtshof der ergebnisorientierten Lösung und verneint ein Erfordernis optimaler Rettungsbemühungen durch den Täter; für den Rücktritt ausreichend - und somit erneut täterfreundlich interpretiert - ist es, wenn die Rettungshandlung des Täters kausal dafür ist, dass der tatbestandliche Erfolg nicht eintritt.
Die These, dass der Bundesgerichtshof beim Rücktritt von versuchten Tötungsdelikten täterfreundlich entscheidet, ist also durch die Auswertung der Kasuistik bestätigt.
Zur Klärung der Frage, wie es zu dieser rücktritts- und täterfreundlichen Tendenz des Bundesgerichtshofs, die weder mit den Entwicklungen der Legislative noch mit dem kriminalpolitischen Klima der letzten Jahre übereinstimmt,

wurden zum einen die sozialwissenschaftlichen Untersuchungen zur Imagepflege, zur account- und zur Attributionstheorie dargestellt und die dazugehörigen empirischen Funde auf strafrechtliche Entscheidungsprozesse übertragen. Zum anderen wurden an die Rechtswissenschaft angelehnte Thesen aufgestellt, dass sich nämlich der Bundesgerichtshof bei seinen Entscheidungen zum Rücktritt von versuchten Tötungsdelikten am mangelnden Erfolgsunrecht der Versuchstat orientiert, die Bestrafung wegen mitverwirklichter vollendeter Durchgangsdelikte als ausreichend erachtet und sich von seiner Position als letzte Instanz des Strafverfahrens beeinflussen lässt.

Im Ergebnis lässt sich festhalten, dass es für eine eindeutige Erklärung der Täterfreundlichkeit der Strafsenate bei der Beurteilung des Rücktritts von versuchten Tötungsdelikten durch die sozialwissenschaftlichen Theorien bisher an der erforderlichen empirischen Belegbarkeit mangelt. Die im Dritten Kapitel vorgestellten Untersuchungen zu Imagepflege, account- und Attributionstheorie legen jedoch die Vermutung nahe, dass der Angeklagte den Ausgang des gerichtlichen Verfahrens unmittelbar beeinflussen kann - zu seinen Gunsten, wenn er sich imagepflegend oder in einem account- oder attributionstheoretischen Sinne förderlich verhält, also bestimmte Verhaltensregeln insbesondere im Hinblick auf Auftreten und Sprache befolgt, oder aber auch zu seinen Ungunsten, wenn er sich außerhalb dieses Verhaltenskodex bewegt. Die Ergebnisse der Imagepflege-, account- und Attributionsforschung können in einem praktischen Sinne für gerichtliche Verfahren genutzt werden, um aus der Sicht des jeweiligen Verfahrensbeteiligten erwünschte Ergebnisse zu erzielen oder unerwünschte Resultate zu verhindern.

Die Durchführung speziell auf die Erforschung von Rücktrittsentscheidungen gerichteter empirischer Untersuchungen wäre möglich und wünschenswert; allerdings ist sie mit einem erheblichen Zeit- und Kostenaufwand verbunden.

Die im Dritten Kapitel genannten Thesen aus der Rechtswissenschaft können erklären, warum die Richterinnen und Richter des Bundesgerichtshof gerade beim Rücktritt von versuchten Tötungsdelikten zu so täterfreundlichen Entscheidungen kommen. Sie sind allerdings mit großer Wahrscheinlichkeit nicht empirisch belegbar, da ein auf sie gegründetes rücktrittsfreundliches Urteilsverhalten weder der gesetzgeberischen Intention noch dem Grundsatz verfahrensgerechter Ergebnisse entspricht, und aus diesem Grund nicht publizierbar sein wird.

Peter Lang · Internationaler Verlag der Wissenschaften

Michael Prüßner

Die von mehreren versuchte Tat

Gefährdung und Risiko bei versuchter mittelbarer Täterschaft und versuchter Mittäterschaft

Frankfurt am Main, Berlin, Bern, Bruxelles, New York, Oxford, Wien, 2004.
215 S.
Strafrecht und Rechtsphilosophie in Geschichte und Gegenwart.
Herausgegeben von Wolfgang Schild. Bd. 1
ISBN 978-3-631-53119-8 · br. € 39.00*

Ein von mehreren versuchtes Delikt beinhaltet ein weites Feld dogmatischer Probleme des Kernstrafrechts. Insoweit sind Fragestellungen betroffen, die heute in fast unüberschaubarer Weise strittig diskutiert werden. Diese Arbeit soll helfen, Klarheit in die zum Teil widersprüchlichen Ansichten zu bringen und zur Lösung der Probleme beizutragen. Im Mittelpunkt stehen dabei die Fragen der versuchten mittelbaren Täterschaft und der versuchten Mittäterschaft durch aktives Tun sowie durch Unterlassen.

Aus dem Inhalt: Unmittelbare Täterschaft · Versuchte unmittelbare Täterschaft · Versuchte mittelbare Täterschaft · Versuchte Mittäterschaft

Frankfurt am Main · Berlin · Bern · Bruxelles · New York · Oxford · Wien
Auslieferung: Verlag Peter Lang AG
Moosstr. 1, CH-2542 Pieterlen
Telefax 00 41 (0) 32 / 376 17 27

*inklusive der in Deutschland gültigen Mehrwertsteuer
Preisänderungen vorbehalten

Homepage http://www.peterlang.de

FSC
www.fsc.org
MIX
Papier | Fördert
gute Waldnutzung
FSC® C083411

Kolibri 360 GmbH
Ferdinand-Jühlke-Straße 7
99095 Erfurt, Deutschland
produktsicherheit@kolibri360.de

Druck:
CPI Druckdienstleistungen GmbH
im Auftrag der
Kolibri 360 GmbH
Ferdinand-Jühlke-Str. 7
99095 Erfurt